SALA DE DORMITORIOS A MILLONARIC

Cómo soñar grande, creer grande y lograr gran

La demora "Sala de dormitorios a millonario"
para cualquier persona que vaya desde donde ⸺⸺⸺ realmente quieren estar.

Sin BS, sin Fluff, sin teorías de Guru y sin recubrimiento de azúcar. Sala de dormitories a millonario es un día actual, guía táctica del mundo real, para tener, ser y hacer lo que quieras en la vida. Está escrito por un tipo que es real, crudo, auténtico, y le dice cómo es realmente.

Alex Morton, quien es etiquetado como la autoridad principal para Creación de impulso milenario, muestra las estrategias exactas que usó para ir de un chico de universidad quebrada que fue expulsado de los dormitorios y la escuela de negocios, ganando más de $ 2,500,000 + a los 26 años. Alex lideró una organización de ventas de 15,000+ representantes que produjo más de $ 40,000,000 en ventas, en 4 años. También ha entrenado y desarrollado otros 21 para alcanzar 6 cifras de ingresos.

Si usted es uno de los pocos seleccionados que son serios sobre el éxito masivo, este libro 10x todo para usted. La mayoría de los emprendedores luchan con una falta de visión, no fijan el tipo derecho de metas, no se enfocan laser, y no viven hasta su máximo potencial. Alex te muestra las maneras más rápidas y eficaces de pensar mucho más rápido mucho más pronto, de atraer el éxito que deseas, de centrarse en lo importante, de explotar tu negocio en el rápido crecimiento del mercado milenario, de construir equipos de campeonato, de desarrollar el liderazgo rockstar y de ayudarte manifieste sus sueños en su realidad.

Le garantizamos que este es uno de los únicos libros que usted necesitará siempre para ganar grande como empresario. Le ayudará a obtener saltos cuánticos con sus resultados como empresario y le ayudará a crecer como persona. La mayoría de la gente simplemente habla de éxito en lugar de salir y hacer lo que sea necesario para que esto suceda.

Queremos que deje de gatear y empiece a correr hacia el éxito. Tú eres la más alta forma de creación de Dios, capaz de todo y de todo. Dejen de jugar pequeñas. Es hora de cambiar tu vida. Sala de dormitories a millonario te llevará desde donde estás, a donde estás destinado a ser.

SALA DE DORMITORIOS A MILLONARIO
Cómo soñar grande, creer grande y lograr grandes

www.LinkwithAlex.com

Quantity sales special discounts are available on quantity purchases by corporations, associations, and others. For details, contact the publisher at the address above

Orders by U.S. trade bookstores and wholesalers. Email info@BeyondPublishing.net

First Beyond Publishing soft cover English edition August 2016
The Beyond Publishing Speakers Bureau can bring authors to your live event. For more information or to book an event contact the Beyond Publishing Speakers Bureau speak@BeyondPublishing.net

The Author can be reached directly at LinkwithAlex.com and BeyondPublishing. net/AuthorAlexMorton

BEYOND

Manufactured and printed in the United States of America distributed globally by **BeyondPublishing.net**

New York | Los Angeles | London | Sydney

ISBN 978-0-9987292-9-9

ALEX MORTON

SALA DE DORMITORIOS A MILLONARIO

Cómo soñar grande, creer grande y lograr grandes

Alex Morton es un chico normal que creció en un pequeño pueblo con unas grandes metas y sueños. Se graduó en Bexley High School en Columbia, Ohio en 2008. En 2012, se graduó en la Universidad del Estado de Arizona (ASU) obteniendo el título en Comunicaciones. En 2009, durante sus estudios en ASU, obtuvo la Licencia de Bienes Raíces y trabajó a tiempo parcial vendiendo y alquilando viviendas. Esa fue la primera prueba de negocio de Alex, ser su propio jefe y controlar su propio destino. Alex se enamoró de ello.

En 2011, comenzó en una empresa de salud y bienestar, donde trabajó con enstusiasmo y en marzo de 2014, a la edad de 24 años, se convirtió en el trabajador más joven de la historia de la empresa con una remuneración de $1,000,000. A mediados de 2015, se asoció con su segunda empresa y desde entonces ha ganado más de $2,500,000 hasta su 26 cumpleaños. Durante su carrera, Alex también ha ayudado a 21 personas a lograr ingresos de 6 cifras a lo largo de su trayectoria profesional, con la que ha recorrido los Estados Unidos, Canadá, México y otros 30 países alrededor del mundo.

Ahora, en 2016, Alex se ha convertido en autor de súper ventas internacional, líder de opinión del milenio, destacado en las revistas Forbes, Rolling Stone Magazine, además de comunicador explosivo y emprendedor.

El objetivo de Alex es inspirar y motivar a la gente a encontrar su propia grandeza interior, perseguir su pasión y convertir sus sueños en realidades. Así que, si estás preparado para llevar tu vida al siguiente nivel y estás dispuesto a hacer cualquier cosa para lograr el gran éxito, Alex es tu tipo.

TABLA DE CONTENIDOS

DEDICATORIA

Este libro está escrito en la amada memoria de mi abuela Roxie. Fui afortunado de pasar sus 10 últimos años en la tierra con ella. Ella me enseñó muchísimo sobre la vida, el amor, el éxito, y la importancia de perseguir tus sueños. Abuela, sé que tú eres mi ángel guardián velando por mí y espero que este libro te dibuje una sonrisa.

INTRODUCCIÓN

¿Qué ves cuando miras en el espejo? ¿Ves a alguien que ha sido humillado toda su vida? ¿Ves a alguien que ha intentado una y otra vez hacerlo, ganar y llegar al éxito, y sin embargo nunca ha tenido tal golpe de suerte? ¿Alguien quien ha trabajado increíblemente duro por aquella promoción, pero nunca llegó? ¿Alguien quién está buscando aquella oportunidad de tener un gran logro?

¿Escuchas aquellas voces dentro de tu cabeza diciéndote que no puedes hacerlo, que tu no eres suficientemente bueno, que no eres tan inteligente, que no tienes la fuerza suficiente y que ni siquiera mereces el éxito? ¿Estás enfermo y cansado de estar enfermo y cansado? ¿Estás realmente arto de estar sin blanca, fracasado e indignado? ¿Estás dispuesto a seguir siendo un mal ejemplo para tus hijos? ¿No estás haciendo lo que realmente quieres?

Suficiente es suficiente, estoy aquí para decirte que tu no tienes que escuchar aquellas voces negativas procedentes de tu interior y de otras personas, que son tan fuertes que no puedes escuchar las otras que te dicen lo que sí puedes hacer. No tienes que escuchar a gente negativa diciéndote que no puedes cumplir tus metas, sueños, y alcanzar el propósito de tu vida solo porque ellos nunca lo hicieron. La idea de que tu no puedes hacerlo es básicamente —tu tienes infinito potencial y eres la mayor creación de Dios y capaz de hacer cualquier cosa que quieras y obtener cualquiera de los deseos y tesoros que busques.

No siempre tuve éxito, tuve que aprender de la gente con éxito sobre como ganar a lo grande. Un sabio una vez me dijo, "Alex, no tienes que ser listo para ganar un montón de dinero y adquirir riquezas". Tienes que encontrar a quienes tengan lo que tu quieres, y debes decir lo que dicen y hacer lo que hagan, y, finalmente, obtendrás lo que tienen, en cada momento.

¡Estoy escribiendo este libro porque estoy cansado de observar a buenas personas que quieren hacer grandes cosas, personas que merecen ganar y merecen el éxito! Ellos no es que solo no lo consiguen, sino que se están quedando sin dinero, y no están ganando suficientemente bien.

¡Quiero ver a esta gente que tienen un ilimitado potencial y poder personal despegar como un cohete! Todo el mundo puede hacerlo, solo que ellos no saben como liberar su potencial y ver como sube.

Por ello estoy aquí. ¡Déjame servir como tu guía hacia el éxito y tu mentor a hacer el resto de tu vida la mejor de tu vida! Quiero que me escuches y sigas lo que digo, hasta que pienses que te estoy mintiendo o que no sé de lo que hablo. Puedo mostrarte como posicionarte a ti mismo para la prosperidad y darte demostradas directrices las cuales, cuando incorpores en tu vida pondrán tu primer $1,000,000 fácilmente dentro de tus posibilidades.

Cierra tus ojos e imagina tu vida ideal. Adorna tu futura vida dentro de tu cabeza, y ponte a ti mismo allí y ahora. Inspira profundamente, relaja tu cuerpo, y deja a tu imaginación fluir y correr en libertad. ¿Qué ves? ¿Cómo hace que te sientas? Imagina despertando en tu casa de ensueño, junto tu esposo o esposa soñada. Son las 11 de la mañana en una hermosa mañana de domingo, y solo tienes que levantarte.

- Tal y como paseas en la visión, toma nota de tus alrededores.
- ¿Cómo es tu cama?
- ¿Qué tipo de ropa hay en tu armario?
- ¿Qué tipo de coches hay en tu garaje?
- ¿Cuánto dinero tienes en tu cuenta bancaria, qué te parece tu rutina diaria y qué impacto están teniendo sobre el mundo?

Lo que sea que ahora estés imaginando es en lo que se convertirá tu futuro, si puedes seguir unos pocos principios clave para archivar éxito masivo. Debes entender que tus pensamientos son reales, que tu visión de futuro es también real, y, si quieres que aquella imagen de tu vida de ensueño se convierta en tu realidad, debes ponerte a trabajar ahora.

Dios quiere que alcances el éxito, vivir un abundante estilo de vida, y tener lo que sea que tu corazón desee. Debes entender y aceptar el hecho de que hay mucho dinero circulando a tu alrededor, y ganar un montón de dinero y llegar a ser afortunado es en realidad bastante simple.

No dije que sería fácil ganar un montón de dinero; dije que sería simple ganar un montón de dinero. Hay algunos principios que te enseñaré, pero depende de ti querer cambiar tu vida lo bastante para implementarlos.

Te llevaré en el viaje desde donde comencé hasta donde estoy ahora. Durante el camino, voy a compartir los principios que usé para ir desde un estudiante universitario sin blanca hasta ganar $1,000,000 en menos de 3 años. A diferencia de otros autores e instructores, no enseño sobre información hipotética o mitos —Personalmente he cosechado la recompensa de diez principios. Yo no tengo que preguntarme si estos principios funcionan, porque se que funcionan. Funcionaron para mi, y funcionarán también para ti.

Sigue mis consejos y escúchame hasta que pienses que estoy mintiendo o no se de lo que estoy hablando. Tomaremos este camino juntos y colócate en una posición donde $1,000,000 está fácilmente dentro de tu alcance.

**Publicación de Alex Morton en Facebook
(estudiante de segundo año en ASU)**

9 de diciembre de 2010

Quiero pases de temporada para los SUNS antes de cumplir los 25, voy a conseguirlo, Claro que sí… Asientos en pista……… colegaaaaa.

Publicación de Alex Morton en Facebook

10 de diciembre de 2010

Posiblemente meta todo en las maletas, voy a conducir hasta Miami y conseguir mi Licencia de Bienes Raíces para ir fuerte con acciones tras graduarme la próxima primavera… ¿Alguien se apunta?

**Publicación de Alex Morton en Facebook
(Estudiante de último curso en ASU- 9th mes dentro de new biz)**

En 6 meses a partir de ahora estaré saltando de ciudad en ciudad, universidad en universidad, de avión en avión, construyendo un imperio y dando a los chicos una oportunidad para controlar su destino, mantener sus sueños, y crear la vida que deseen. #bendito sea.

CAPÍTULO 1

DEJA A TU IMAGINACIÓN CORRER LIBRE

¿Recuerdas lo que querías ser cuando eras un niño? Debes de haber querido ser un astronauta, un atleta profesional, o incluso el Presidente del Gobierno. Como niños, nuestra imaginación es muy potente llegando a emocionarnos las visiones que tenemos por nosotros mismos y para nuestro futuro.

¿Recuerdas cuando el profesor te preguntaba, "Qué quieres ser cuando seas mayor?" Yo no recuerdo todas las respuestas de mis compañeros de primaria, pero estoy seguro de que nadie respondió, "Cuando sea mayor, quiero que me digan cuando aparecer, qué hacer, cuando hacerlo, cuando comer el almuerzo, cuando dinero puedo ganar y cuando puedo ir a hacer pis".

Mientras crecíamos todos nosotros tuvimos grandes metas, sueños, y inspiraciones. En algún lugar a lo largo del camino, alguien te dijo que dejaras de ser surrealista. Alguien robó tu sueño. Dejaste a alguien convencerte de que lo que sea que quisieras hacer en la vida, no era la decisión correcta, no era la más inteligente, demasiado arriesgada e inalcanzable.

Debes recordar que todos somos la mayor creación de Dios, y, como tal, somos todos capaces de todo. Es nuestro derecho divino a manifestar nuestro destino y transformar nuestro más salvaje sueño en nuestra propia realidad de cada día.

Hay músicos, artistas, atletas, inventores, y visionarios de todos los tipos. Hay personas en nuestro mundo que se ponen sus pantalones de la misma forma que tú, tienen dos brazos y dos piernas al igual que tú, y, la mayoría, son personas corrientes que tienen sueños y metas por encima de la media y experimentados resultados extraordinarios durante su tiempo aquí en la Tierra.

Los hermanos Wright tomaron una idea y la transformaron en un "pájaro de hierro" que permitió a las personas viajar al rededor del mundo y tener total libertad de aventurarse y ver el planeta entero. Steve Jobs decidió que él iba a hacer un teléfono tan sexy y elegante que llegaría a ser un necesario artículo que revolucionaría completamente la industria de la telecomunicación, y el iPhone nació. Phill Knight, un estudiante universitario sin experiencia en ningún tipo de negocio, pasó de comer burritos a $0,99 cada noche a ganar más de $1,000,000 al año cuando Nike empezó.

Uno debe preguntarse cómo es posible eso que algunas personas hacen a lo grande, mientras otras fallan. ¿Qué hace diferente al individuo que gana $500,000 del individuo ganando $50,000? Ellos incorporan unos pocos principios demostrados en sus vidas diarias. Walt Disney dijo, "Todos nuestros sueños pueden hacerse realidad, si tenemos el valor de perseguirlos".

CIUDAD PEQUEÑA CON GRANDES SUEÑOS

Crecí en una ciudad pequeña llamada Bexley, Ohio. Había dos tiendas de helados, dos pizzerías, y un montón de personas amables y de buen corazón, pero las había también con la mentalidad de "no quiero arriesgarme".

Nunca me fue bien con la autoridad —Solo no podía aceptar la idea de que me dijeran qué hacer y cuándo hacerlo. El sistema de campana me irritaba hasta no poder más. Día tras día, fui reprimido con: "Alex, llegas tarde, de nuevo, ¿cuál es el problema, hijo? Sabes perfectamente que a las 7:40 am cada mañana, la campana suena, y se supone que debes de estar en tu sitio, preparado para la clase. No puedes seguir con los mismos errores aquí, causando un alboroto a las 7:43". Eso hizo que explotara mi mente, incluso a los 12 años con qué importancia monumental encontraban mis profesores en esos tres minutos, y eso no me gustaba nada.

Mi rechazo a acatar órdenes y a seguir a la mentalidad popular parece haberse originado en algún momento durante tercer grado. Decidí que mis profesores no eran mi madre, y no iba a dejar que me controlaran. A lo largo del colegio y también durante mis años de instituto, gasté una buena cantidad de tiempo en detenciones después de clase y castigos por la mañana temprano.

Yo siempre parecía ser considerado el bocazas de clase. Recuerdo las conferencias padres- profesores durante las cuales los profesores contarían a mis padres: "Señor y señora Morton, parece que su hijo está siempre haciendo preguntas e involucrándose en discusiones de clase, pero casi nunca sobre el tema de clase, y normalmente cuestiona todos los planes de clase. A menudo pregunta: '¡¿Como en algo así en el mundo va a hacerme a mi o a cualquiera ganar dinero?¡'". Incluso a los 13 años, cuestionaba la información que estaba siendo expuesta en clase. A los 17, comencé a argumentar sobre como ellos estaban intentando mantener nuestros pensamientos dentro de una diminuta caja y castigándonos por ser demasiado creativos. Finalmente, a los 18, comencé a preguntarme a mi mismo y luego posteriormente a ellos: "¿Quién demonios se creen estas personas que son, diciéndonos cómo debemos pensar, actuar, y seguir en la vida, y etiquetarnos de estúpidos o inteligentes basándose en un maldito examen?"

Como niño, supe que había personas que tenían un magnífico estilo de vida, viajando al rededor del mundo, haciendo ocurrir grandes cosas, convirtiéndose en conocidos y famosos, y ganando un montón de dinero. Partiendo de ese punto, comencé a buscar información en por qué la gente con éxito era afortunada y por qué otras no.

Claramente recuerdo mi "senior's day" en el instituto. Tuvimos una asamblea durante la cual todos los de último año en el instituto vinieron juntos para discutir nuestros planes de futuro con el resto de clase. Uno tras otro, respondíamos dos preguntas: en qué universidad nos gustaría estar aceptados en otoño y en cual teníamos planeado especializarnos.

Un montón de alumnos de último curso que se graduaron conmigo eran de un gran intelecto y estaban aceptados en universidades como Ohio,

Indiana, Stanford, y NYU. Mi instituto era uno de los mejor valorados institutos públicos del país. Me inscribí en la Universidad de Indiana, en la Universidad de Oklahoma, y en la Universidad del Estado de Arizona. Indiana me rechazó, Oklahoma me dejó en lista de espera, y el Estado de Arizona me aceptó. En aquella época, la broma era que si tú tenías una corazonada y pudieras respirar, la Universidad del Estado de Arizona te dejaría entrar. Aparentemente, yo parecía capaz de ambas cosas, así que hice planes para mudarme hacia el oeste para la universidad.

Finalmente llegó mi turno. El profesor me nombró: "Alex Morton, eres el siguiente".

Permanecí en pié y dije: "El próximo año, estaré en la Universidad del Estado de Arizona y me especializaré en llegar a ser millonario". El sitio al completo erupcionó como una bomba que acababa de ser encendida. Mis compañeros de clase reían histéricamente y me dijeron que estaba "literalmente loco", "chiflado", y que "definitivamente no era lo suficientemente inteligente para jamás hacerme con un millón de dólares".

No me sentí avergonzado o desmotivado. De hecho, instintivamente supe, sin lugar a dudas, que haría que aquello ocurriese.

Aquel día ha permanecido conmigo para siempre. No tienes que saber como vas a hacer algo; solo tienes que saber que lo harás. Decídete a hacer las cosas que dices que vas a hacer, y transforma tu convencida decisión en conseguir tus metas. Para el éxito, debes saber con el 100 por ciento de confianza y convicción que tus sueños son posibles y que no pararás ante nada hasta que tus sueños se conviertan en tus realidades.

> *"Primero te ignoran, después se ríen de ti,*
> *luego te atacan, entonces ganas".*
>
> *-Gandhi*

PREPARADO PARA EL LANZAMIENTO

La emoción y la energía alimentan al cohete, pero un gran sueño pone al cohete en su destino definitivo. Es muy importante estar emocionado y energético sobre tu futuro, pero debes tener un claro, detallado y enorme miedo al gran sueño.

La mente no distingue entre fantasía y realidad. Debes plantar la idea de tus más salvajes sueños en tu mente como plantarías una semilla en un jardín. Los sueños trabajan de la misma forma que lo hacen las semillas: para prosperar y crecer, deben de ser cuidados, vigilados, protegidos, regados y amados.

A una joven edad, me planteé la idea de que ganaría $1,000,000. No tenía ni idea de como hacerlo. Pregúntate a ti mismo quién eres. ¿En qué crees? ¿Qué quieres? ¿Qué estás dispuesto a hacer para conseguir lo que quieres? ¿Cuál es tu propósito en la vida? Está bien si no tienes respuestas para todas las preguntas aún, pero te quiero expandir la mente, deja a las ideas que empiecen a correr libremente, y comenzar a soñar grandes sueños.

> *"Sueña grandes sueños, los sueños pequeños no tienen magia".*

CUALQUIER COSA ES POSIBLE CUANDO CREES

Un joven tipo llamado Diego tenía algo de magia y aplicó el principio del gran sueño directamente en su vida. Un día, recibí una llamada de que alguien de Cincinnati, Ohio se había unido a mi negocio y había algo especial con él. La primera vez que hablé con él por teléfono, inmediatamente sentí una conexión —Había algo mágico en él. Incluso aunque yo estaba en Arizona y él en Ohio, pude literalmente sentir su energía a través del teléfono. Cogí un vuelo al día siguiente y volé hasta la casa de su familia en el pequeño suburbio Mason de Cincinnati.

En aquel entonces, Diego estaba viviendo con sus padres y su hermano. La familia entera había emigrado desde Guatemala. El inglés era su segundo idioma, y en aquel preciso momento, aguantaban unas serias dificultades económicas. Su hermosa madre limpiaba casas por una pequeña paga, y su padre estaba trabajando en el Subway —trabajaban duro, pero apenas llegaban a fin de mes.

La primera noche que pasé con Diego, me contó que quería producir grandes resultados en 2013. Dijo que se esforzó en la escuela, pero que tenía un ardiente deseo por cambiar y que siempre había tenido grandes sueños desde tan temprano que no alcanza a recordar. Me dijo: "Alex, sé donde estoy ahora mismo —donde estoy casi no tiene importancia; todo se trata de hacia donde voy". Él continuó contándome su historia: "El último invierno, montaba en mi bicicleta unas dos millas al día aguantando unas temperaturas muy bajas, hielo, nieve, y granizo, para trabajar en un hotel. Una vez que llegaba al hotel, limpiaba los baños, incluido los retretes. Te cuento esto, porque quiero que sepas desde donde parto. También quiero que sepas que tengo muchos grandes sueños. Me veo a mi mismo cumpliendo todas y cada una de mis metas, ayudando en la jubilación de mis padres, y llegando a salir adelante por mi mismo en América".

Diego fue a trabajar en 2013 y aplicó los principios que yo te enseño en este libro. En tan solo un año, el pasó de ganar $7 la hora a $100,00 al año. Sobre un escenario en una convención, en frente de 4,000 personas, Diego fue capaz de decirle a su madre que podía jubilarse.

En este punto, algunas personas pueden estar preguntando cómo eso es posible. El primer principio de este libro es el principio de permitirte a ti mismo a soñar grandes sueños y plantar la semilla con la que manifestarás tu fantasía en tu realidad. Desde ahí, es necesario aplicar el resto de estos principios de este libro, alimentados por aquel sueño y tu inquebrantable promesa de ello.

Diego prueba que incluso si limpias retretes con un cepillo de dientes, puedes superar cualquier obstáculo. Si alguien que llega desde la pobreza puede hacer que su sueño ocurra en un nuevo país, hablando un nuevo idioma, ¡tú puedes hacerlo también!

Todo empieza con un sueño —una idea de una vida mejor, un mundo mejor, y un mejor tú. Debes entender que tienes lo que se necesita para ganar a lo grande en la vida.

> *Ya está en ti: eres una perfecta creación espiritual puesta en la Tierra con talentos regalados por Dios y habilidades que puedes utilizar para ganar el éxito. Plata ese sueño profundo en tu mente, riega la semilla de tu sueño cada día, dándole amor, atención y concentración, y tu sueño se convertirá en tu vida.*

MOMENTO MOTIVACIONAL: Quiero que repitas esta frase cinco veces antes de pasar al siguiente capítulo. Las afirmaciones son muy poderosas y pueden llevarte muy cerca de conseguir la vida para la que fuiste puesto sobre esta tierra para vivir. Esto sonará raro al principio, pero funciona. Yo sé que funciona, porque me lo repetía a mi mismo cada día en mi viaje al éxito.

"VOY A HACERLO, VOY A HACER LO QUE SEA NECESARIO PARA LLEGAR ALLÍ, NO PARARÉ ANTE NADA NI NADIE, VOY A SER UN CAMPEÓN, Y ESO ES TODO LO QUE HAY QUE HACER. ¡PUNTO!"

Publicación de Alex Morton

16 de junio de 2011

Para aquellos de vosotros que me prometisteis una vez que si tenía mis primeros $1000 al mes echaríais un vistazo a mi Posibilidad… ¡¡¡Mi teléfono empieza a sonar mejor!!!

Publicación de FB de Mary W. para Alex Morton

24 de mayo de 2011

¡Felicidades ENORMES y Agradecimientos a Alex Morton quien saltó todo el camino de Bronce a ORO este MES! El increíble momento que es captar la atención de lo más alto del liderazgo nunca habría ocurrido sin la visión y liderazgo de Alex.

CAPÍTULO 2

TUS SUEÑOS COMIENZAN CON TU POR QUÉ

¿Conoces tu **POR QUÉ**? ¿Cuál es el propósito, causa, o convicción que te inspira a hacer lo que haces? Toma un momento y caba realmente profundo hasta el núcleo de tu alma y piensa sobre por qué haces lo que haces.

Compraste este libro porque tenías un fuego ardiente dentro de ti mismo pidiendo una vida mejor. Si quieres más de la vida; solo necesitas alguna indicación de cómo cambiar tu vida inmediatamente, haz un giro completo de 180, y empieza ganando a lo grande. Recuerdo el gran momento en el que descubrí mi **POR QUÉ**, mi razón para trabajar esmeradamente, mi convicción que me inspiró para sacarlo todo, acción a lo grande.

Una vez que descubrí mi POR QUÉ, ahí fue cuando comencé a tener hambre —y me refiero a muchísima hambre— por el éxito. Cuando tenía 16 me ocurrió que iba a necesitar conseguir grandes cosas para sentirme completamente recompensado con mi vida.

Mis padres has sido unos buenos ejemplos para mi —ellos realmente persiguieron sus sueños y causaron una gran sensación sobre otros. Ellos ganaron un montón de dinero, y, lo que es más importante, ayudaron a un montón de personas.

Mi padre fue un desertor escolar que se transformó en millonario en la industria aseguradora, y mi madre ayudó a mover un negocio multimillonario. Como adolescente, asistí a un gran número de sus conferencias para sus compañías. Cada momento que asistía a una, incontables personas que no conocía venían hacia mi y me decían lo grandes que eran los padres que tenía, cómo ellos les habían salvado llegando a ser financialmente libres y desarrollar la libertad con su tiempo, y que mis padres ofrecían "un trato de verdad".

Mientras era halagador escuchar estas maravillosas cosas sobre mis padres, también era abrumador, y, de vez en cuando, aquello comenzaba a hacerme pensar: "¡Santo cielo! Mis padres son los ganadores del momento, realmente necesito encontrar una manera de hacerles sentir orgullosos. Voy a tener la gran expectativa de vivir a la altura y dejar el listón muy alto". No estaba haciendo la lista del decano en la universidad, no tenía ningún deseo de convertirme en médico o abogado, y yo ya estaba bastante perdido en cuanto a lo que realmente quería hacer con mi vida se refería.

Si estás leyendo este libro y sigues sin saber que quieres hacer con tu vida, está bien. Lo que quiero que hagas es pensar sobre qué te lleva a estar inspirado o motivado. ¿Qué alumbra tu fuego, cataliza las decisiones importantes, y causa que vayas a por ello?

Me di cuenta que mi **POR QUÉ** estaba a punto de hacer a mis padres orgullosos y probar a mi mismo que era capaz de llegar a ser alguien de valor y marcar la diferencia, tal y como ellos habían hecho. Mientras lees el resto del capítulo, te daré unos pocos ejemplos de como este principio es extremadamente importante en tu camino hacia la cima. Quiero que pienses sobre tu **POR QUÉ**.

¿Qué va a causar que te levantes temprano y te mantenga despierto hasta tarde? ¿Qué va a causar que guardes las revistas, apagues la televisión, dejes de ir de fiesta, y empieces a tener tu vida y universo preparado para aceptar las enormes cantidades de bienestar que van hacia ti? Tu viaje hacia el éxito y ganar más de $1,000,000 no será fácil —de hecho, habrá momentos que serán muy difíciles. Habrá momentos en los que sentirás que quieres rendirte, en los que sentirás que quieres darte por vencido, en los que querrás dejarlo todo, y eso es el por qué este principio de empezar con **POR QUÉ** es tan absolutamente importante para ti hasta alcanzar tu cima del éxito.

Cualquiera puede aprender como hacer algo, pero la mayoría no entienden por qué necesitan hacerlo. Debes siempre empezar con **POR QUÉ**. Quiero que encuentres y descubras tu profundo y emocional **POR QUÉ**.

Uno de mis mentores me dijo: "Alex, quiere que encuentres un **POR QUÉ** te haga llorar — hacerlo emocional; hacerlo significativo; hacerlo tan importante que envíe la tranquilidad a tu médula tan solo por pensar en ello". Si puedes desarrollar un fuerte **POR QUÉ**, realmente puedes sobrepasar cualquier obstáculo, cualquier objeción, y cualquier contratiempo en tu viaje haca la cima. Recuerda, quiero que me escuches decir estos principios hasta que pienses que te estoy mintiendo o que no sabes de lo que estoy hablando.

No tenía experiencia en negocios reales, no tenía una gran red, y no tenía mejores cualidades, aún iba desde ganar poco dinero hasta ganar más de $1,000,000 durante los siguientes dos años. Toda aquella cuantía comenzó con mi **POR QUÉ**.

DESDE EL CHICO DE LA PIZZA HASTA $500,000

Si te contara que uno de mis mejores amigos, quien para nada tiene un don divino para el talento en los negocios, pasó de entregar pizzas los fines de semana a ganar $500,000 en menos de dos años por tan solo aplicar el principio de "Empezar con **POR QUÉ**", ¿me creerías? Josh, quien aún sigue siendo uno de mis mejores compañeros de negocios hasta el día de hoy, hizo exactamente eso.

Estuvimos envueltos en un negocio juntos, y aunque yo lo hice despegar como una nave espacial, Josh avanzó perezosamente hasta el principio. Ten en cuenta que Josh es un tipo muy inteligente que estuvo estudiando administración de cadenas de suministros en una de las mejores 25 escuelas de negocio. Venía de una gran familia, y es sobre todo un individuo firme y original.

Era un chico normal, jugando a lo seguro, manteniéndose dentro de los márgenes. En ese momento, parecía conforme con trabajar 40 horas a la semana durante 40 años de su vida y tratar de intentar retirarse con el 40 por ciento de sus ingresos.

Nunca olvidaré el día en el que mi teléfono móvil sonó en aquel caluroso y pegadizo día de verano en Arizona. Eran las 2 PM, y estaba conduciendo a casa viniendo de una reunión.

La voz de Josh llegó a través del receptor bastante monótona —Sonaba asustado: "Alex", me dijo, "mi padre ha trabajado para Intel más de 20 años, él nunca ha llegado tarde un día en su vida, ha sido el mayor productor toda su carrera, y, esta mañana, su jefe entró y le notificó que iba a ser despedido". Mi corazón se hundió y me quedé sin aliento — Sabía que esto podría ser un momento crítico para Josh. El padre de Josh tenía una familia de cinco, una gran casa en Oregon, dos hijos en la universidad y las facturas le salían por las orejas.

Josh interrumpió mis pensamientos: "No estoy ahora preparado para construir este negocio e ir al 110 por ciento. Necesito estar seguro de que mi familia quedará financieramente segura, y es un momento para mi de levantarme con un hombre y ayudar a mi padre durante estos duros momentos". Tomó la decisión que algún día te enseña nuevas habilidades, salir a buscar mentores quienes podrían ayudarle a alcanzar sus metas, y hacer la promesa de ganar un endiablado montón más de dinero que entregando pizzas.

De repente, Josh dejó de tener miedo, preocupación o duda. En su lugar, estaba animado y emocionado en relación a su futuro. Había encontrado su **POR QUÉ**.

No sabía que estaba haciendo y ni siquiera realmente sabía como demonios iba a hacerlo, pero sabía que iba a hacerlo. Cuando desarrollas un fuerte, emocional, y muy arraigado **POR QUÉ**, no tienes que saber qué vas a hacer lo, solo tienes que saber que lo harás, no importa qué.

Si te falta ese deseo ardiente de perseguir tus sueños y metas, debes encontrar tu **POR QUÉ**. Las personas harán muchas cosas por dinero, coches, ropa, y otros bienes materiales, pero el problema es que cuando ellos tienen un contratiempo, o algo malo ocurre, o sus amigos cercanos o familia son negativos, la mayoría de las personas se rinden, se dan por vencidos, y al final lo dejan. Contrasta aquello con alguien con un ardiente deseo de éxito, una razón que todo lo consume de por qué están haciendo algo, una razón real para sacrificar sueño, perderse fiestas de cumpleaños, y hacer lo que sea que se tenga que hacer para dejar el trabajo hecho.

Ahora, en lugar de tan solo trabajar para ganar dinero, Josh estaba trabajando para salvar a su familia. En cuatro meses, pasó de ganar $1,000 al mes a ganar $5,000 al mes. Pronto, comenzó a ganar $10,000 al mes. Josh estaba fregando platos y entregando pizzas y parecía que no podía levantar su negocio del suelo durante meses, y luego, descubrió su **POR QUÉ**, y boom, despegó como alma que lleva el diablo.

Las personas siempre harán más y llegarán a ser más cuando tienen una conexión emocional al por qué está completando la tarea que se está llevando a cabo. ¿Cuál es tu **POR QUÉ**? ¿Es la jubilación de tu madre o de tu padre quienes han estado trabajando toda su vida? ¿Tienes una enorme cantidad de deuda de crédito de estudio que necesitas pagar? ¿Estás queriendo financiar misiones alrededor del mundo o alimentar al hambriento?

Cual sea el vehículo que estés usando para la creación de riqueza, Ya sea seguros, bienes raíces, red de marketing, consultoría, o medicina, debes de tener un profundo y emocional POR QUÉ para pasarlas canutas en los malos momentos y finalmente llegar a la cima de aquella montaña.

PERSEGUIR TU PROPÓSITO, NO TU CUENTA

Puede ser muy incómodo admitir que estamos viviendo una vida que no está alineada con nuestro verdadero propósito, pasión, vocación, o más significativo deseo. Antes, mencioné que debes encontrar un **POR QUÉ** que te haga llorar y tener de verdad una razón —una que se mantenga profunda en tu corazón y alma para ir tras tus sueños y metas. El principal propósito de este libro es enseñarte los 10 principios que apliqué en mi vida para ir de alguien con un gran ego y una pequeña cuenta bancaria hasta ganar más de $1,600,000 en el pestañeo de un ojo.

El **PROPOSITO** es la palabra clave de esta sección. Ves, tu **POR QUÉ** es la razón de por qué haces lo que haces. Sin embargo, tu **PROPÓSITO** y verdadera vocación es la razón de que estés en la Tierra.

Vamos a profundizar aquí por un segundo. Quiero que te imagines que estás tumbado en tu lecho de muerte, toda tu familia y seres queridos están a tu alrededor, tu vida está llegando a su fin, y tu has tomado finalmente tu último aliento. Uno, cinco o diez años desde aquel momento, cuando alguien —tal vez un joven familiar quien no te recuerda o te llegó a conocer— pregunta ¿cuál es tu legado? ¿qué es?

Si permaneces en el camino de tu carrera en el que estás actualmente para el resto de tu vida,

¿cuál será tu legado? Te hago esto pregunta, porque tu verdadera vocación y tu propósito en la vida no puede ser completado si permaneces donde estás, en tu trabajo actual, en tu situación actual. Todo ello cambió para mi una vez de nuevo cuando encontré que mi verdadera vocación era inspirar a la gente. Cuando comencé a tener éxito en mi negocio, comencé a inspirar a completos extraños, por todo el mundo.

Recuerdo viajar a 35 estados y a más de 12 países construyendo mi negocio, y los extraños llegaban a mi y me decían que había cambiado sus vidas —Les había impactado y cambiado emocionalmente y les inspiré a pasar a la acción de perseguir sus metas y sueños. No importa cuanto dinero hice, nada llegó a hacerme sentir tan bien como escuchar aquello de la gente. En 2013, tenía 24 años, y un mes hice $107,000, pero la sensación de que alguien me dijera que había cambiado su vida me hizo sentir 100 veces mejor.

No estaba persiguiendo mi cuenta, estaba persiguiendo mi propósito. Aprendí que el dinero sigue al significado. Estaba viviendo una vida significativa, ayudando e inspirando a otros, y el Universo estaba recompensándome generosamente por ello. Si meramente te centras en como vas a ganar el $1,000,000, eso jamás ocurrirá.

Debes concentrarte en tu verdadera vocación y propósito en la vida.

Un hombre sabio dijo una vez que si ayudas a suficientes personas a conseguir lo que quieren, conseguirás **todo** lo que quieres. Toma un segundo y pregúntate a ti mismo ¿fuiste puesto en la Tierra para hacer qué y dónde?

¿En qué eres bueno? ¿Cuales son tus fuerzas? ¿Eres un gran comunicador? ¿Eres bueno con la tecnología? ¿Puedes hablar numerosos idiomas? ¿Qué te hace único?

Recuerda, el dinero es solo papel con tinta, por lo tanto, deberíamos no centrarnos en los montones de dólares; deberíamos centrarnos en influenciar en otros. Si posees tu propio negocio, ¿qué problema está solucionando tu producto o servicio? Si eres un doctor en medicina, ¿a cuantas vidas estas ayudando a estar saludables y bien? Si eres un abogado, ¿a cuantas personas estás ayudando a hacer brillar luz sobre la verdad?

Uno debe centrarse en sus verdaderas vocaciones y propósitos. Steve Jobs una vez dijo: "Si amas lo que haces, no volverás a trabajar en tu vida". ¿Conseguir el éxito es duro? Por supuesto, No importa lo que hagas, te estarás dejando la piel, levantándote muy temprano, permaneciendo despierto hasta tarde, y haciendo sacrificios, pero siempre vale la pena al final.

> *Definiendo tu POR QUÉ y comenzando tu camino hacia tu $1,000,000 con tu POR QUÉ darás tu nuevo significado a hacer lo que haces, posibilitándote a hacerlo con emoción y pasión.*

Seguir tu corazón, descubrir tu verdadera vocación, y encontrar tu propósito en la vida son esenciales no solo para ganar más de $1,000,000, sino para vivir una vida completa.

¿Cuál es tu **POR QUÉ** y cuál es TU **PROPÓSITO** en la vida?

Tu POR QUÉ =
Tu PROPÓSITO =

Publicación de Alex Morton en Facebook
11 de mayo de 2011

Gracias por ofrecerme 7 citas para tomar algo / ir de fiesta y echarme de los dormitorios de primer año. Gracias por el MIC[1] y suspenderme for un semestre / ponerme en libertad provisional hasta que me gradúe en segundo año. Y gracias ASU por besar mi C$$$ porque soy oficialmente un senior y de camino a graduarme en 4 años.

Publicación de Alex Morton en Facebook
28 de septiembre de 2012

"Si el mañana no estuviera prometido - ¿que darías por el día de hoy? Olvidar algo más. ¿Qué pensarías al respecto? Conseguimos una oportunidad en la vida. Una posibilidad en la vida. Haz lo que sea que tienes que hacer.

Plantar tus cimientos y hacer lo que sea que muestre lo que vas a hacer. Cualquier legado que vayas a dejar. Deja tu legado. El esfuerzo está entre tú y tú. El esfuerzo no tiene nada que hacer con nadie más. Estoy enfadado con la grandeza. Porque si no te enfadas con la grandeza significa que te conformas con ser mediocre".
#YPR[2] #AhoraMismo
#Ray Lewis

---

1. *Minor in Consumption: tasa legal de nivel de alcohol en sangre.*
2. *Young People Revolution: movimiento social que identifica a jóvenes emprendedores con visión de futuro.*

CAPÍTULO 3

HUYE DEL 97 %

Déjame empezar este capítulo diciendo esto: No lo sé todo, pero lo que he descubierto a mis 25 años en este planeta es que la mayoría de las personas no tienen ni idea de lo que están hablando cuando se llega a vivir una vida satisfactoria, obteniendo éxito sobre todos los niveles, y creando una "barcada" de dinero. ¿Quién te enseñó cómo llegar al éxito y ganar dinero? ¿Realmente tus padres comprenden como llegar a ser financialmente independiente? Las estadísticas indicaron que no, a no ser, por supuesto, que ellos sean del 3 por ciento de la gente que ganan esa cantidad de dinero que estás siguiendo.

No pretendo sonar engreído, arrogante o egoísta —Mi única meta aquí es poner un poco de luz sobre todas las gilipolleces con las que hemos estado alimentando nuestras vidas. Tú y yo hemos sido enseñados a ir al instituto y conseguir buenas notas, ir a la universidad y conseguir más mejores notas, graduarse, buscar un trabajo, y luego para que te digan cómo vestirte, qué hacer, cuándo aparecer, cuando almorzar, cuando mear, y cuando irte a casa. Y otro ser humano va a decirte cuanto te mereces poniéndote un salario o, incluso peor, pagándote por horas.

No estoy intentando de despreciar a personas quienes se ganan "la vida de forma honesta" — una expresión que nunca me ha gustado, desde que la mayoría de personas independientes se están ganando sus vidas honestamente. Respeto la monotonía de 9 a 5, y respeto a madres y padres quienes tienen tres trabajos para alimentar a sus hijos y pagar sus facturas; no obstante, te digo que hay otras formas de ganar dinero, formas que no te suponen ser un esclavo remunerado para el resto de tu vida y trabajar en un trabajo cuyo puesto es el **Camino de la Ruina**.

Conozco algunas cosas que te dices a ti mismo: "este chaval es un capullo, quien demonios se cree que es, se le ha ido la cabeza". La razón por la que estoy soltando todo esto ahora mismo es porque no quiero que estés atrapado en una prisión sin rejas para el resto de tu vida y luego ser enterrado con sueños, metas e ideas no cumplidas. Tenemos un tiempo muy limitado en la Tierra, y si no estás usándolo para llegar a ser parte del 3 por ciento, estás viviendo entre el 97 por ciento de las personas quienes nunca llegarán a ser pagadas tanto como se merecen, ni tendrán la independencia que merecen.

Piensa en ello. ¿Quien hace todo el dinero en el mundo? Personas que son emprendedoras, personas que poseen su propio negocio. Vi una cita un día cuando era un niño y va conmigo desde entonces: "Si no persigues tu propio sueño, serás pagado por alguien que lo hizo". Para mi, aquella cita lo dice todo.

HUIR DEL 97 % significa esto: si la mayoría de las personas están haciendo algo, leyendo algo, comiendo algo, bebiendo algo, o pensando de una determinada forma, deberías, lo más probable, hacer completamente lo contrario. Crecer en Ciudad Pequeña, EE.UU., mi forma de pensar original no fue siempre aceptado. Los profesores estaban siempre mandándome a recepción por hacer preguntas como: "¿En qué profesión voy a usar alguna vez cálculo, y cómo va a hacerme ganar algo de dinero para alimentar a mi futura familia? Al 97 por ciento no les gusta ser retados.

En Química, pregunté a mi profesor que cuál era "el maldito propósito" de memorizar los elementos de la tabla periódica. Creo en la escuela y creo en la educación, pero es como dice la canción de Paul Simon "Kodachrome": "Cuando recuerdo todas las chorradas que aprendí en el instituto, es un asombro que pueda si quiera pensar". Los profesores meten demasiada información forzadamente a los estudiantes, los niños se estresan demasiado, memorizan toda la información, hacen un examen, y luego lo olvidan todo. Para mi, memorizar por repetición no hace nada que sirva a los estudiantes para objetivos a largo plazo.

En mi opinión, los estudiantes estarían mejor servidos por cosas tangibles que usarán a lo largo de sus vidas, como marcar metas, hablar en público, la magia de pensar a lo grande, leyes del éxito, y como ganar un ingreso residual. El 3 por ciento, incluyendo a Richard Branson, Mark Zuckerburg, Sean "P. Diddy" Combs, y el difunto Steve Jobs, todos hablan sobre seguir a tu corazón, seguir tus sueños, ir a por ello en la vida, hacer que ocurra, pensar diferente a otros, e innovar y crear. Aún, para todo en nuestras vidas hemos hemos sido enseñados a colorear sin salirnos de las líneas, hacer lo que nos han dicho, respetar la autoridad, seguir el sistema, y ser "normal". Hemos sido echados a perder, arruinados, y envenenados por los pensamientos y enseñanzas de personas que no lo han hecho ni por ellos mismos.

En este ejercicio, finaliza cada oración, y rápidamente verás a lo que me refiero:

EL 97% DE LOS "SECRETOS HACIA EL ÉXITO"

Si alguna vez quieres ser competente ve a la_____,
así puedes conseguir una buena _____,
así puedes graduarte y conseguir un buen _____.
Cuidado con los lo que se enriquecen rápido_____.
En tu camino al éxito, asegúrate de jugar_____.
El dinero no puede comprar_____.
El dinero no crece sobre_____.
Las buenas cosas llegan a aquellos que_____.
Si esto suena demasiado bueno para ser verdad, probablemente _____
_____.
Todos los ricos van a_____.

Aléjate del 97% y únete al 3%

La mayoría de las personas tienen la misma mentalidad, y el mismo modo de pensar, el cual se resuelve en la misma forma de vivir —y no pueden evitarlo, porque es lo que se les ha enseñado durante toda su vida. La mayoría de las vidas de las personas (el 97%) comenzarán y finalizarán exactamente de la misma forma. Eso es todo lo que saben, porque eso es lo que sus abuelos y sus padres hicieron, así que ello serán felices haciendo exactamente las mismas cosas y viviendo virtualmente exactamente la misma vida. No estoy de ninguna manera, forma o modo diciendo que vivir una vida "normal" sea malo, porque sin dudarlo no lo es, tan solo estoy diciendo que vivir una vida extraordinaria requiere liberarse de seguir costumbres.

Haz lo que quieres, cuando quieras, con quienes tu quieras, durante tanto como quieras. Para alcanzar enormes resultados, debes entender como de crucial es este principio. Debes aceptar que el dinero está todo a nuestro al rededor, que vivimos en un mundo de pura abundancia, que hay personas ganando a lo grande por todas partes, y por ello debes de huir del 97%.

> *CON LA EDUCACIÓN REGLADA TE GANARÁS LA VIDA, SIENDO AUTODIDACTA CREARÁS UNA FORTUNA.*

La mayoría de nosotros, incluido yo mismo, fuimos enseñados a que una vez te gradúes en la universidad y consigas tu graduado, tu educación ha finalizado. Si tu quieres comer, dormir, viajar, y vivir como la mayoría de las personas en la Tierra, ve adelante y para de aprender y crecer más allá de tu graduación, y lo más probable es que acabes como otro más. La mayoría de las personas pasan por la vida como robots, haciendo exactamente lo que les han dicho que hagan.

En mis experiencias en la vida, he observado que la mayoría de las personas que están viviendo vidas mediocres pararon de estudiar, de educarse, y crecer por sí mismos al principio de sus 20 años. En la otra cara, he tenido la afortunada bendición de ser capaz de rodearme a mi mismo con algunas de las personas más influyentes que actualmente están ganando a lo grande y que son los CEO del momento. Que llegué a darme cuenta de que **TODOS**, no solo algunos, sino **TODOS** estos individuos han estado practicando el arte del desarrollo personal durante toda su vida. La razón de esto es que toda persona competente y rica entiende la importancia del mejorar siempre y llegar a ser mejor en su oficio.

En mi opinión, estás tanto creciendo como muriendo, y la muerte es mala, así que deberíamos centrarnos en crecer. No creo en la perfección; creo en apostar por nuestra mejor parte. Independientemente de qué vehículo u oportunidad estés eligiendo para crear fortuna, lo más probable es que te habrás convertido en un gran comunicador, un hablante extraordinario, un maestro creando redes de contactos, y un fenomenal líder.

Especializarse en todas estas aptitudes requerirá que seas autodidacta. Necesitarás leer montones de libros, escuchar incontables grabaciones de audio, y estudiar docenas de videos. Creo que el éxito deja pistas. Si quieres ser un espectacular jugador de baloncesto, deberías estudiar a Michel Jordan. Si quieres ser un gran jugador de fútbol, estudia a Cristiano Ronaldo. Si quieres convertirte en un obseso del bienestar, estudia a un obseso del bienestar.

Estoy harto de todos aquellos y de sus madres que intentan sobrecomplicar el éxito. Dos por dos son cuatro; eso es una verdad absoluta. No importa si estamos en China, África, Dinamarca, Croacia, o Las Vegas, dos por dos es cuatro. Por lo tanto, debe de haber un conjunto de principios y leyes del éxito ahí fuera en el Universo, y si uno sigue aquellos principios y leyes, el éxito llegará con ellos con el tiempo.

De adolescente, lo único que divertía de la escuela era la clase de gimnasia y el almuerzo. Rara vez completé las lecturas requeridas. Como persona adulta y madura, me doy cuenta que la educación era aquello que iba a separarme de la mochila, pero no en la forma en que nosotros, como sociedad, habíamos sido enseñados a creer que sería. No fue la educación formal o reglada la que me hizo quien soy hoy; fue el aprendizaje por mi mismo durante horas y horas.

A los 18, descubrí a un hombre llamado Jim Rohn, y mi vida cambió irrevocablemente. Jim era el mentor de mentores, con un verdadero corazón de oro. Había ayudado a millones de personas a convertirse en millonarios.

Comencé a escuchar sus grabaciones y caía dormido escuchando el sonido de su voz cada noche. Recuerdo diferentes chicas quienes pasarían la noche diciendo: "¿Por qué en el mundo mundial nos quedamos dormidos con la voz de un hombre adulto? ¡Es súper extraño!"

Pudo no tener mucho sentido entonces, pero sabía que un día lo tendría —chico, cuanta razón tenía. Tras descubrir a Jim Rohn, comencé a interesarme personas como Les Brown, bob Proctor, y Tony Robbins. Llegué a ser un obseso del aprendizaje tanto como fuera posible de gente con éxito. Decidí que si podía encontrar el cómo y el por qué ellos llegaron a serlo, yo podría hacer exactamente lo mismo.

El desarrollo persona es crucial para nuestro crecimiento. No solo financialmente, sino espirual, mental y físicamente. Soy un creyente firme en que para tener inmensos resultados financieros, debemos estar en una paz espiritual también.

PLAN DE ACCIÓN

Unos pocos de mis favoritos mentores en el desarrollo personal son Bob Proctor, Tony Robbins, Les Brown, y Jim Rohn. Escucha sus CDs en tu coche, escúchales durante 30 minutos para estudiarles cada mañana, y si quieres hacer hacer qué pensar a tu esposa sobre   ti, duerme con ellos cada noche.

Alex Morton
28 de septiembre de 2012 · Chicago, IL ·

¡¡Continúa estudiado duro!! Nada como ganar $30,000-$60,000 al año, y un turno de 9 a 5, mientras te dicen cuando tienes que mear y comerte el almuerzo. Estoy pensando que una vez tengamos 10 YPR[1] por debajo de los 25 años haciendo más de $100,000 la gente se despertará… Hasta entonces… ¡¡Feliz sábado y asegúrate de que consigues mantener tu GPA[2] alto!! Tu jefe necesita que seas listo para que el pueda ir a Aruba & golf mientras tú estás detrás del escritorio.

---

1. *Young People Revolution: movimiento social que identifica a jóvenes emprendedores con visión de futuro.*

2. *Grade Point Average: media obtenida calculado la puntuación total del grado académico entre los créditos conseguidos*

CAPÍTULO 4

MOSTRAR GRATITUD Y LA LEY DE LA ATRACCIÓN

"Es desafortunado pero cierto que para muchas personas, 'la vida' is algo que va a pasar en el futuro. Siempre miran hacia delante a la llegada de aquel gran evento o aquel gran día".

Personalmente, me veo a mi mismo como un medio-psicópata cuando este siempre llega queriendo convertirse en algo más, hacer más, y tener más. No importa lo que consiguiera el mes anterior o qué meta transformé en una realidad el último año, siempre estoy excitado cuando se trata del siguiente obstáculo a superar, el siguiente desafío a resolver, y la siguiente montaña a escalar. En mi camino para llegar a ser millonario, sin importar cómo, aprendí que a veces, debemos de retroceder un paso atrás, mirar a todas las hermosas y maravillosas cosas que están pasando ahora mismo en nuestras vidas, ser agradecido, y mostrar gratitud.

> *La gratitud, para mi, es simplemente ser agradecido por lo que ahora tenemos en nuestra vida.*

A veces, estamos tan atrapados en el hecho de tomar diariamente, de forma consistente, importantes acciones en dirección a nuestros sueños y metas que nunca nos tomamos un tiempo para estar agradecidos por todas las actuales bendiciones de nuestra vida. La vida está ocurriendo ahora, y eso significa el ser disfrutada.

En un seminario, Aprendí que cada mañana, deberíamos de tomarnos un tiempo para coger una hoja de papel y escribir de cinco a diez cosas por las que estamos agradecidos. Yo llamo a esto el Diario de Ser Agradecido. Las cosas que indicas no necesitan ser importantes eventos, ni tampoco necesitan ser posesiones materiales —pueden ser simples com una toalla caliente o una taza de té. Sé que esta idea suena rara —y tal vez incluso un tanto extraña— pero es una simple forma de traer muchísima felicidad a tu vida.

El acto de mostrar gratitud y pensar mentalmente en que somos agradecidos por ponernos en un gran lugar mental y espiritualmente. No me consideraría personalmente una persona muy religiosa; no obstante, soy muy espiritual. La gratitud es una de las más poderosas herramientas en el Universo, pero requiere el compromiso de cosechar sus generosas recompensas. La gratitud es también muy importante en definir y alcanzar tus metas, sobre las cuales te hablaré más tarde en este capítulo.

> *La gratitud sirve tanto como un interruptor para energizar y encender nuestros sueños y deseos. Cuanto más agradecidos estamos, más el Universo quiere darnos. La gratitud también ayuda a expandir nuestra visión, y nos permite soñar incluso más a lo grande que antes.*

He aprendido como la gratitud mejora nuestra claridad. Lo que sea en que nos concentremos durante la acción de mostrar gratitud ayudará a priorizar cuales son los objetivos realmente importantes para nosotros y nos hace sentir bien, así sabemos en qué prestar atención. La mejor forma de aliviar los sentimientos de estar agobiado y estresado es concentrarse en qué hace que te sientas vivo.

En este punto, probablemente estés pensando: "Vale, lo pillo —ser agradecido, anota cosas por las que estoy agradecido cada día, y esto me ayudará a encontrar lo que me hace feliz y lo que verdaderamente no quiero en mi vida". Tienes toda la razón.

Compraste este libro porque quieres saber lo que hice, cómo actué, qué pensé, y los cambios que tuve que hacer para ganar más de $1,000,000. Es vital que no pases por alto este principio. Ser agradecido es una enorme parte de la fórmula, porque esto es un camino de piedras en tu camino al éxito.

Si siempre estás yendo a un millón de millas por minuto, puedes fácilmente perder el centro de atención en lo que es verdaderamente importante. Cosas como tus amigos cercanos, la familia, e incluso tu salud pueden llegar a ser oprimentes en un segundo plano dependiendo de como de concentrado y motivado estés. Desde lo que he presenciado y experimentado, los grandes éxitos suponen que tú mismo te esfuerces hasta el límite, haciendo enormes sacrificios, y dejarse la piel.

Te aconsejo enormemente mostrar más gratitud en tu vida diaria. Si alguien ha impactado positivamente en tu vida, házselo saber y agradéceselo.

Por ejemplo, el último Día de Acción de Gracias, envié cinco mensajes privados a diferentes maestros y profesores que tuve a lo largo de los años a quienes estaba agradecido. Me llevó aproximadamente unos 30 segundos cada mensaje, y fue uno de las más grandes sensaciones. No solo estás alegrándole el día a alguien —es posible que incluso su año entero— sino también estás mostrando gratitud y centrándote en lo que te hace feliz.

Si quieres hacer un millón de pavos, da, muestra, y se un ejemplo de gratitud. Funciona; créeme.

Hubo un tiempo en el que llegué a estar tan pillado con mis metas y sueños que dejé que un montón de belleza del mundo y experiencias de la vida se me pasaran de largo. Recuerda, puedes tanto como aprender de tus errores como aprender de tus mentores. Con suerte, por ahora, me consideras uno de tus mentores —aprende de mis errores, en lugar de tener que cometer los mismos por ti mismo.

Hace unos pocos meses, me embarqué en una gira por unas 8-10, no lo recuerdo bastante bien, ciudades europeas. Viajé a Austria, la República Checa, Francia, Noruega, Inglaterra, los Países Bajos, Bélgica, Portugal, y puede que unos pocos otros para construir mi negocio y también para "contemplar las vistas". La mayoría estaría de acuerdo que ser capaz de hacer turismo por más de 8 países a los 24 años no solo es bastante guay —Es una oportunidad que solo ocurre una vez en la vida.

Tuve una gran gira. Tuve la sorprendente oportunidad de hablar sobre un escenario en frente de 4,000 personas en Viena, Austria, llegué a disfrutar un montón de buena comida, y conocí a algunas grandes personas. Como sea, estuve tan excesivamente concentrado y engullido en "subir el volumen" y "romper records" que nunca me tomé mucho tiempo para relajarme y oler las conocidas rosas. No continué ninguna otras giras, no visité muchas de las más famosas catedrales, y casi nunca me tomé un tiempo para ni siquiera tomar alguna fotografía.

Mientras tenemos "la visión de túnel" cuando estás realizando grandes acciones hacia tus sueños y metas puede ser algo bueno, no lo hagas a expensas de contemplar los paisajes, sonidos, y la cultura de los lugares en los que la mayoría solo sueñan con visitarlos.

Recordando aquel magnífico viaje, debería haber parado —incluso por tan solo una. hora en cada país— para haberlo asimilado todo. He tenido la afortunada oportunidad de conocer y conversar con muchos millonarios —e incluso un billonario— y todos ellos coincidían en que la carretera al éxito es incluso mejor que cuando ya estás allí. Cualquier cosa que sea tu definición de éxito, cualquier cosa que sea tu nivel cumbre de hazañas, mirarás atrás y recordarás todos los cariñosos recuerdos, relaciones, y experiencias que tuviste en tu camino as inmenso éxito.

El principio de esta historia es uno que puede ser aplicado a cualquiera, en cualquier momento, en cualquier lugar. Si estás leyendo este libro y tienes un hijo o hijos, invierte tiempo construyendo aquellas relaciones y vínculos que durarán para siempre. Si tienes una pareja sentimental, toma el tiempo de ser agradecido por tenerla en tu vida, hazles sentir especial e importante, y agradéceles por aguantarte en tu cruzada de tenerlo todo.

LOS PENSAMIENTOS SON REALES

¿Te has preguntado alguna vez por qué algunas personas están siempre en apuros, en un mundo de dolor, sufrimiento y depresión, viviendo al día sin llegar a fin de mes, mientras otros parece que siempre tienen suerte y son continuamente felices, sanos y ricos? Qué pensamos nosotros, como humanos, sobre cómo esto ocurre y si nuestros pensamientos son reales.

Solía pensar que la idea de que los pensamientos fueran reales era todo cosa de magia, hasta que descubrí que la mayoría de personas ultra-afortunadas usan la ley de la atracción para ganar a lo grande en sus carreras y en la vida. Todos nosotros debemos entender que somos seres vivos, criaturas que respiran, capaces de cualquier cosa y de todo. Tenemos la habilidad de controlar quien llega a nuestra vida, qué nos ocurre en nuestras vidas, y la habilidad de alcanzar un increíble éxito propiamente, usando la ley de la atracción. Personas como Henry Ford, los Hermanos Wright, la familia Firestone, Muhammad Ali, Arnold Schwarzenegger, Will Smith, y Oprah dan todos crédito a la ley de la atracción por sus mayores logros.

Ono de mis mentores, Bob Proctor, dice: "Esta ley claramente declara que solo puedes atraer hacia ti aquellos que está en harmonía contigo. Todo en el Universo vibra, incluido tu mente y tu cuerpo. Echa un vistazo a tu cuerpo a través de un microscopio. Es una masa de energía — moviéndose, vibrando. Tu mente controla la vibración en la que estás en un momento dado. Controlas tu mente por los pensamientos que eliges. Nadie puede obligarte a pensar algo en lo que tú no quieras pensar. Aquí es donde entra la libertad. Esto es también donde el problema comienza con la mayoría de las personas. Ellos permiten lo que está pasando a su alrededor al determinar como piensan. El 90 por ciento de la población desea en positivo, pero piensa en negativo. Sus pensamientos negativos les ponen en una vibración negativa la cual, por ley, determina lo que es atraído a sus vidas. Como un individuo creativo, continuamente atraerás cosas buenas en tu vida por pensar pensamientos positivos y esperarás lo mejor que la vida tiene para ofrecer. Te lo mereces.

Usé la ley de la atracción para ayudarme en la construcción de mi negocio por 50 Estados — más el Distrito de Columbia y Puerto Rico— y por más de 53 países. No importa donde estás ahora mismo, sin importar tu situación actual o tus actuales ingresos, debes coger esto, porque puede cambiar tu vida en lo que tarda un ojo en pestañear.

¿Cómo un colegial sin blanca a los 21 años sin experiencia en los negocios va desde un balance que ni siquiera tenía una coma hasta $1,000,000 en el pestañeo de un ojo? Usé la ley de la atracción en mi beneficio. De madrugada, soñaría y me visualizaría a mi mismo como un millonario. Pinté una imagen tan viva de lo que quería que mi vida fuera que era real para mi. Cerraría mis ojos y, en mi visión, literalmente abriría la puerta de la casa de mi sueño, conduciría mi coche del sueño, cuidaría de mi familia, viajaría por el mundo, y donaría a la caridad.

Los pensamientos son reales. Cuando pensamos o visualizamos algo, el Universo llega a ponerse en contacto con aquel pensamiento o imagen y comienza a hacerte entrega de oportunidades para hacer que los pensamientos se conviertan en realidad. Cuando me desplazo por los estados de Facebook, tengo documentación de estas visiones —comencé mi camino por hablar de viajar por el mundo y ganar $1,000,000. He aquí que ocurrió. Puedes ver esta publicación de FB en la página 8.

Grandes atletas han conocido este secreto durante años. Se ven a sí mismos ganando el juego o el partido mucho tiempo antes de que lo jueguen. Para las personas en mi negocio que están deseando un nuevo coche de lujo, les dejo sentarse en mi coche, oler aquella piel, y y agarrar aquel volante, para que tengan una clara imagen —completa con todos los sentidos, excepto, tal vez, el gusto— para visualizar su futuro y alimentar su éxito.

> *Debes entender que nuestras mentas no entienden la diferencia entra la fantasía y la realidad. Nosotros, como seres humanos, somos la más alta forma de la creación de Dios y somos capaces de lo imposible.*

Ejercicio:

Cierra tus ojos y imagina tu vida como te gustaría que fuera. Cinco años a partir de ahora, ¿dónde te ves a ti mismo? ¿Dónde estás viviendo? ¿Qué tipo de ropa estás vistiendo? ¿Qué tipo de coche estás conduciendo? ¿Cuanto dinero estás ganando? ¿Qué tipo de impacto estás teniendo en la humanidad?

Cuando visualizas tu futuro y entras dentro de lo profundo de tu pensamiento, estás sacando aquellos pensamientos e ideas al Universo. El Universo luego responde, y tú comenzarás a atraer aquel futuro que viste para ti mismo. Parte de la razón de por qué el 3 por ciento de la población gana 97 por ciento del dinero es debido a que ellos están usando la ley de la atracción en su beneficio. Lo creas o no, todo lo que te pido es que lo intentes. Siéntate en paz y callado de cinco a diez minutos y piensa de verdad largo y tendido sobre tu futuro, y no serás decepcionado. Haz esto A DIARIO durante al menos dos semanas, y observa como tu vida comienza a cambiar.

Publicación de Alex Morton en Facebook

31 de octubre de 2012 · Tempe, AZ ·

Mark Zuckerberg, CEO de Facebook invitó a 5 personas a su dormitorio de Harvard hace 9 años para tratar una oportunidad de negocio. 2 personas aparecieron y se unieron a él.

Dustin Moskovitz es ahora poseedor de $6.5 billones y Eduardo Saverin es poseedor de $3.4 billones.

¡La cosa más cara que podemos poseer es una mente cerrada! Pensar sobre "ello" durante mucho tiempo puede costarte un montón. AHORA es el momento para hacer que tu vida se convierta en lo que SOÑASTE que sería…. el mañana no está asegurado, haz hoy lo que valga recordar… Esto ES el siguiente FACEBOOK.. lo quieras creer o no.. lo quieras aceptar o no… Como si quieres actuar como que esto no está teniendo lugar en todos los 50 Estados.. Si quieres ser parte de ello o ser un espectador profesional… ¡¡¡Esto está… A PUNTO DE SER GRANTE!!!

¡¡¡¡CORRE HACIA ELLO.. O CORRE DE ELLO!!!!
No podemos ser detenidos…
¡¡¡¡¡Esto es… UNA REVOLUCIÓN!!!!! #YPR

CAPÍTULO 5

DEFINIR METAS: LAS LLAVES DEL REINO

A lo largo de este libro ya tenemos cubierto soñar a lo grande, dejar a tu imaginación correr en libertad, y encontrar una profunda razón emocional de por qué haces lo que haces. Ahora, vamos a tomar toda la información y unirla juntos con metas, o, como me gusta llamarlas, las llaves del reino.

> *"Una meta es un sueño con fecha límite".*
> *-Napoleon Hill*

Esta cita por Napoleon Hill ofrece un fenómeno recordatorio para definir algunos grandes y escalofriantes metas, ponte a trabajar y haz que ocurra. Las metas deben ser para largo plazo, para que tengas el impulso de hacer tu vida mejor el día de hoy y no posponerlo para mañana.

Las metas son críticas para tener cualquier tipo de éxito en cualquier cosa que hagamos. Me revienta cuando la gente establece sus metas y luego se pregunta por qué no las consiguen. Durante mi adolescencia, pensé que establecer metas era para los niños listos, los niños quienes estaban sacando sobresalientes en todas sus asignaturas. Más tarde in la vida, descubrí que aquel establecimiento de objetivos es para todo aquel que quiere prosperar en la vida, termina el trabajo, progresa, evoluciona, y obtiene éxito. Incontables libros han sido escritos, cientos de grabaciones de audio han sido producidas, y miles de videos han sido filmados, todos centrados en base al establecimiento de objetivos y su primordial importancia. En este punto, todos nosotros nos damos cuenta de que el establecimiento de metas es el ingrediente clave para obtener la vida que queremos, pero, de alguna manera, la mayoría de la gente no dedica el tiempo necesario para cuidadosamente planear un plan de acción, que realmente desarrolla una clara visión de lo que queremos, y establece metas específica.

¿Has escrito alguna vez tus metas? ¿Tienes claras las metas de a qué quieres que se parezca tu día, semana, mes, o los próximos cinco años? Si las tienes, entonces te admiro y estoy orgulloso de ti. Si eres como la mayoría de los humanos, necesitas alguna ayuda mayor sobro como y el por qué para llevar a cabo tus metas. Si me hubieras preguntado durante mis años de instituto si las metas eran realmente necesarias, me habría reído en tu cara. Pero, tras estudiar por qué algunas personas tienen éxito y por qué otras no, te digo aquí que el establecimiento de metas es extremadamente necesario si estás intentando ganar a lo grande en tu vida.

Déjame ponerte un ejemplo: si fueras a tomar un avión mañana por la mañana y el piloto viene y dice: "Buenos días, señoras y caballeros, estamos despegando ahora mismo. No tenemos ni idea de a donde vamos o a donde aterrizaremos, pero te lo diremos cuando estemos allí". ¿Cuantos de vosotros queríais estar en ese avión? No lo habías pensado así. Pero eso es exactamente como la mayoría de las personas van por su vida. Pierden el tiempo por ahí, esforzándose a medias, y rindiéndose y dejando aquello que realmente desean. Tan triste como lo es decirlo, la mayoría de la gente nunca logra nada que merezca la pena. La mayoría de las personas permanecen en la cola, manteniendo sus bocas cerradas, siguen todas las reglas y tienden a permanecer normales y mediocres.

> *Establecer metas es la mejor manera de ir desde donde estás hasta donde deseas estar. Es crítico siempre empezar con el fin en mente.*

Antes, hablé sobre verte a ti mismo en el futuro, conduciendo tu coche de ensueño, viviendo en tu casa de ensueño, y literalmente viviendo tu vida de ensueño. Las metas son lo que the llevará allí. Sé que tienes lo que se necesita ahora muy dentro de ti para alcanzar la grandeza; este libro simplemente the ayudará a llegar a ser consciente de tu potencial y te lanzará para ir y hace que ocurra.

Avanzar, tus metas deberían estar centradas sobre cosas que nunca has tenido antes, sin repetir el éxito pasado, o nunca alcanzarás nuevas alturas y experimentar el placer de alcanzar algo más grande de lo que jamás hubieras alcanzado antes. Las metas están diseñadas para ayudarte a crecer y te fuerza a sacar algo del interior de ti que ni siquiera sabías que estaba. Si ya sabes como lograr tus metas, es que no vas a utilizar las metas para lo que están diseñadas. Si realmente vas a lograr algo más grande, se va a necesitar que te inspires para poner el tiempo, energía y esfuerzo necesarios que va a ser necesario poner para hacer que ocurra. La conclusión es que debes establecer una gran y escalofriante meta. Si no se asusta el diablo de ti, es que no es lo suficientemente grande.

Ahora voy a sumergirme dentro de tres tipos de metas que uno puede establecer cuando se busca avanzar en su vida. Me refiero a estos tres tipos de metas como metas tipo-A, tipo-B y tipo-C.

Una vez veas toda esta explicación, vas a pensar para ti mismo, "Wow, esto es una cosa bastante amateur —un niño de quinto podría manejar esto". Déjame contarte un pequeño secreto: establecer metas es muy básico. Creo firmemente en que los niños pequeños podrían entender como establecer metas, trazar un plan, y lograr lo que se han propuesto a hacer si estuvieran enseñados así desde muy pequeños.

METAS TIPO-A

Las metas tipo-A están donde la mayor parte de las personas viven y nunca se van. Una meta tipo-A es una meta que está basada en tus resultados actuales, los cuales realmente no constituyen una meta en absoluto. Apostaría que la mayoría de las personas a tu alrededor —tus amigos, tu familia, y tus compañeros de trabajo— son personas de metas tipo-A.

Una vez, estaba en Orlando, hablando para una sala llena de gente, y un tipo joven se acercó a mi y me pidió analizar sus metas con él. Entonces él me contó que su meta era conseguir un nuevo BMW. Le pregunté qué coche conducía actualmente, me dijo que él estaba actualmente conduciendo un BMW de 5 años de antigüedad y que quería uno más nuevo. Le miré y dije: "Has sabido durante cinco años cómo conseguir un nuevo BMW, por lo tanto, no te supone ni siquiera un reto, así que esto no cumple los requisitos como meta".

Es muy importante que entiendas que aquí es donde las personas quieren estar. A tus amigos —e incluso tu familia— les gustas con la actitud meta tipo-A. Ellos no quieren dejarte, así que, si tu alguna vez estableces una meta que está fuera de esta región tipo-A, ellos probablemente no van a apoyarte. No es que no les encante o que no quieran que ganes —la verdad es que no quieren que te vayas.

No hay realmente mucho que aprovechar, conseguir y cultivar por aquí en la tierra tipo-A, así que te sugeriría apasionadamente que te fueras de aquí y pares de establecer metas basadas en los actuales resultados. Una meta tipo-A es lo que tú SABES que puedes hacer.

METAS TIPO-B

Una vez que decidas dejar el mundo de las metas tipo-A, te irás a las de tipo-B. Aquí es donde algunos de los peces gordos, mandamases, y de los que manejan el cotarro (o eso creen ellos), están estacionados aquí.

Las personas que establecen metas tipo-B prestan atención a lo que pasa en sus vidas. Ellos conocen exactamente lo que necesitan hacer para sobrevivir, conocen exactamente cuanto dinero han conseguido ahorrar, han calculado cada pequeño coste, y están realmente concentrados en donde están, en lugar de donde deben ir.

Las personas de tipo-B siempre tienen que tener un plan, "si esto ocurre, y eso ocurre, y todas esas cosas ocurren, ¡entonces puedo hacer eso!" ¿Es esto realmente la meta correcta? Yo no lo creo. Tú ya ves lo que va a ocurrir, casi como en una meta tipo-A, así que tú realmente no vas a ir a por ello. Y, tus colegas de las metas tipo-A no van a apoyarte, porque conseguir una meta tipo-B significa que les estás dejando.

Una meta tipo-B está basada únicamente en lo que piensas que puedes hacer. No hay absolutamente nada de inspiración en una meta tipo-B. Una meta tipo-B es lo que planeas hacer. ¿Podrías vivir una vida que "está bien" en el mundo de las metas tipo-B? Seguramente, supongo. Pero, si realmente quieres experimentar una vida llena de abundancia y libertad, necesitas progresar más allá de este lugar, créeme.

METAS TIPO-C

¿Alguna vez te has encontrado a ti mismo soñando despierto? Sentado aquí, dejando a tu imaginación correr libremente, visualizando tu casa de ensueño, su coche de ensueño, las vacaciones de ensueño que siempre quisiste tener, dando a tu iglesia o sinagoga, y haciendo lo que quieres hacer, cuando quieres hacerlo, con quien tú quieres hacerlo? ¿Te has encontrado a ti mismo diciendo, si solamente pudiera hacer eso, si solo pudiera ir allí, si solo, si solo, si solo…

Lo gracioso sobre soñar es que puedes despertarte en cualquier momento dado y comenzar a perseguir aquellos sueños para convertirlos en realidades. Cierra tus ojos por un segundo y revisita tu sueño. Imagina tu vida como tu en realidad te gustaría que fuera.

Para establecer una meta tipo-C debes preguntarte a ti mismo que es lo que realmente quieres.

¿Qué es lo que realmente quieres? Nunca has tenido a nadie haciéndote esta pregunta, pero es una pregunta muy importante a la que contestar. Necesitas decidir lo que realmente quieres.

Si vuelves a tu época de estudiante las personas que dejaron su marcha en la historia, eran en mayor parte, personas normales con sueños, metas y deseos por encima de la media. Cuando estás viviendo en un mundo tipo-C, ahí es donde la magia realmente puede ocurrir. Olvida la lógica, olvida razonar, y ve detrás de lo que realmente quieres. Nada maravilloso llega siendo lógico y pensando a pequeña escala. Los Hermanos Wright, Beyonce, Bill Gates, Oprah, Steve Jobs, Taylor Swift, y Phil Knight, todos operaron con una actitud meta tipo-C. Enamorarse de tu sueño y tus metas. Siéntelo en tu corazón e involúcrate emocionalmente.

> *¿Cómo un niño que fue pateado del campus de la universidad y de la escuela de negocio cuando tenían 21 consigue un millón por su 25 cumpleaños? Es porque no me asusta el perder, No dejé que la lógica me detuviera, y creé mi propio mundo y todo dentro de él.*

Estarás probablemente prensando: Bueno, eres diferente a mi. Eso simplemente eso no es verdad. Ambos somos la más grande forma de la creación de Dios, capaces de cualquier cosa y de todo lo que tengamos en mente. Vivimos en el mundo de las metas tipo-C —¡¡aprenderás a adorar estar aquí!!

CONSEGUIR TODO LO QUE QUIERAS EN 3 PASOS.

Fantasía, Teoría, Hecho.

Estas tres palabras cambiaron mi vida. De vuelta a la Universidad del Estado de Arizona, comencé a fantasear en lo que mi vida podría realmente llegar a ser, formando metas tipo-C. Mi imaginación corría libremente, y se transformó en la única cosa que pude realmente prestar atención. Suelo cerrar mis ojos y ver a mi futuro yo, mis futuras actividades diarias, my futura cuenta bancaria, my futura vida, my futuro mundo.

Quiero que hagas lo mismo. Cierra tus ojos e imagina tu vida, diseñada por ti. Una vez consigas aquella imagen grabada a fuego en tu mente lo suficientemente profundo y te concentres en ello el tiempo suficiente, te garantizo que comenzarás a cambiar aquella

FANTASÍA en TEORÍA.

Finalmente, es necesario entonces convertir tu **TEORÍA** en un **HECHO**. Debes entender que si puedes verlo en tu mente, puedes tenerlo en tu mano. Los Hermanos Wright de Dayton, Ohio eran mecánicos de bicicletas. No sabían nada sobre volar, ni estaban cualificados para construir un avión. Lo vieron en su mente **(FANTASÍA)**, comenzaron a creer que ello era posible **(TEORÍA)**, y después, abrieron el reino del vuelo **(HECHO)**.

> *Esto es una cosa seria. Estos tres pasos pueden cambiar y cambiarán tu vida una vez los apliques. Vi la fantasía de lo que quería en mi mente, encontré un camino que lo haría posible, y lo transformé en realidad. Puedes hacer lo mismo. Si yo puedo hacerlo, también tú puedes.*

¿TE GUSTARÍA COMERTE AQUELLO CON PATATAS?

Déjame darte un ejemplo de la vida real sobre la importancia de establecer una meta tipo-C. De vuelta a finales del 2011, conocí a un chico de 17 años quien estaba haciendo sing-spining a un lado de la autopista en el caluroso verano de Arizona y tenía un trabajo a tiempo partido volteando hamburguesas en McDonald's.

Estás pensando probablemente que no existe sobre la tierra de Dios lo que este chico es capaz de hacer. No llega a ser mucho peor que despilfarrar sudor todo el día en el sol continuo y abrasador e ir a casa desde el trabajo oliendo a aceite de freidora.

Un día, mi amigo, Andrew, me llamó y me dijo: "Tengo a este joven llamado Cody. Él aún sigue en el instituto, pero está muy decidido en llegar a tener éxito". Estaba pensando, recuerdo cuando estaba en el instituto, y todo lo que me importaba era deportes y chicas. También recuerdo que 17 era la edad en la cual descubrí realmente que un día, iba a triunfar y a ganar montones de dinero. Le dije a Andrew que si él verdaderamente creía en "este chico Cody", le mandara a mi bloque de apartamentos. Unos pocos días más tarde, Cody llamó a la puerta, paseó por mi bloque de apartamentos, y nos pusimos manos a la obra. Discutimos dónde él se encontraba en la vida, qué le hacía feliz, qué le entristecía, y qué le entusiasmaba.

En los primeros capítulos, discutimos lo importante que es encontrar un profundo y emocional POR QUÉ. Una vez encontré que la principal fuerza impulsora de Cody era largarse de McDonald's, conseguir un coche nuevo, y ayudar a su familia financieramente, es cuando la importancia de establecer objetivos entró en juego. Yo podría haberle dado a Cody lo mismo, cansados consejos que él había estado recibiendo toda su vida —Salir y trabajar duro, y que, por hacerlo así, todos sus sueños se harían realidad.

> *Pen en lograr de hacer lo que la mayoría de las personas hacen en los negocios y ventas, decidí establecer algunas metas a corto y largo plazo con Cody. Usando la actitud de las metas tipo-C, comenzamos a establecer metas específicas, tiempos límites, y la actitud iba transformar a un sing-spinning trabajador de un burguer en un campeón.*

Le dije a Cody que dejara a su imaginación correr libremente y que pensara realmente sobre lo que quería. En el específico negocio que estábamos construyendo, él necesitaba establecer metas para llegar a ser un mejor narrador, llegar a ser mejor presentador, y llegar a ser un maestro cerrando tratos. Él también estableció metas para incrementar su conocimiento sobre la linea de un producto específico y la demografía en la que nos centrábamos.

Cody comenzó a seguir los patrones de establecer y machacar metas. Establecer una meta, machacarla. Establecer otra meta, machacarla.

Cody llegó a estar obsesionado con el éxito, concentrado, derramó sudor, sangre y lágrimas en su sueño de llegar a ser afortunado.

Estableció metas específicas de puestos en la compañía que él quería alcanzar. Aseguró que todas sus metas fueran medibles, por lo que pudo seguir la pista de su progreso y abandonar lo que necesitó abandonar para conseguir sus metas en objetivos diarios. Comenzó a darse cuenta de que todas sus metas eran alcanzables, así que comenzó a practicar y a conseguir las habilidades y atributos necesarios para transformar su sueño en su realidad.

La mayoría de las metas que él estableció eran realistas. Soy un fiel creyente de que nunca deberías de ser realista. No piensa que fuera "realista" para un empleado de McDonald's ganar sus primeros $100K como un próspero emprendedor antes de que pudiera legalmente beber alcohol, y no creo que sea "realista" pensar que incluso pude ganar $1,000,000 considerando que fui educadamente echado a patadas de mi escuela de negocio.

La palabra "realista" aquí (específicamente para Cody) era para descubrir cuanto trabajo, tiempo, energía, esfuerzo llevaría superar una meta, y luego establecer sus metas acorde a su nivel de deseo.

> *Nadie va a pagarte unos ingresos profesionales con una ética de un trabajo de aficionado.*

Por último, pero no por ello menos importante, nos aseguramos de que Cody iba a cumplir sus metas de una manera oportuna. Nosotros establecimos un camino de piedras, o puntos de progreso a lo largo del camino en este viaje a unos ingresos de seis cifras. Sin un apropiado establecimiento de una meta tipo-C, hubiera sido muy difícil para Cody el conseguir lo que hizo. De forma similar, sería imposible para ti leer este libro, tomar acciones sin establecer metas, y alcanzar resultados masivos.

A esto todos los días, Cody y yo somos muy buenos amigos y, porque este chico creó un verdadero impacto en mi vida, voy a compartir contigo como él usó la visualización y la ley de la atracción para conseguir su coche BMW de sus sueños. Cuando conocí a Cody, conducía un machacado Jeep Cherokee del 2000. En mi empresa, cuando alguien alcanza un cierto número de ventas, ellos cumplen los requisitos para una bonificación para un coche. Le dije a Cody que imprimiera una imagen del coche que él deseaba exactamente, y que pusiera esa foto en todos los sitios en su casa. Al principio, Cody me dijo que yo estaba "loco de remate", pero me escuchó no obstante. Recuerdo ir a su casa, cuando él vivía en el sótano de sus padres, y ver aquel BMW puesto por todas partes. En el frigorífico, sobre su cama, e incluso sobre la pared del baño, Cody había emplastecido su sueño de adquirir un BMW 328i blanco. Su madre, Tina, me dijo: "Alex, ¿qué demonios estás haciendo con mi hijo?".

Contesté: "¡Lo descubrirás pronto!".

Le llevó a Cody bastantes meses, ¿pero adivina qué coche se pilló del concesionario? ¡Correcto! El BMW 328i blanco estaba en su calle a la madura edad de 18 años.

Ves, estos principios funcionan. Es exactamente lo que yo —y tantas personas a las que ayudé — hice para ir "from zero to hero" en el pestañeo de un ojo.

Sobre acabar este libro, será tu deber, responsabilidad, y obligación de seguir los principios del éxito de los que estamos hablando. Cuando lo hagas, tu vida cambiará para siempre, y tu comenzarás a ganar a lo grande en todas las áreas de tu vida.

RETO ACEPTADO

Fue una tarde normal en la Universidad del Estado de Arizona. Estaba sentado en mi carro en my bloque de apartamentos, planeando los eventos de la semana y descubriendo en cual de mis líderes necesitaba concentrarme en ayudarles a conseguir sus objetivos mensuales.

Ahí fue cuando el teléfono sonó. Uno de mis mentores, Brad, me llamó y me dijo: "Estaba mirando tus números del último mes, y tu equipo hizo más de $12,000 en volumen de ventas. La convención de nuestra empresa es en cuatro meses, y si puedes ir de $12,000 a $54,000 en ventas mensuales, te dejaré hablar sobre el escenario en frente de 8,000 personas. Eso es todo. Adiós".

Mi mandíbula se calló al suelo. Estaba extremadamente emocionado, y a la vez, extremadamente asustado. Uno de mis mayores sueños era el de hablar sobre un escenario en frente de miles de personas, y esta vez fue mi primer intento legítimo de convertir aquel sueño en realidad.

Sabiendo lo que sabía sobre el establecimiento de metas y comenzar con el fin en mente, comencé a desarrollar un plan de cuatro meses para más que doblar mi organización de ventas. No fue para nada "realista" el doblar nuestro equipo en tal corto plazo de tiempo, y la mayoría de mis líderes pensaron que estaba loco. Pero ya lo veía en mi cabeza, y sabía que era posible. No sabía exactamente cómo iba a ocurrir, pero iba a ocurrir, e iba a conseguir que mi culo de 21 años se subiera a un escenario y ardiera el mundo entero.

Establecí metas diarias, semanales y mensuales y me transformé en un repugnante obseso del conseguir que esto ocurriera. Debes llegar a ser un obseso con lo que tú quieres. Profesores, padres, o tu esposa podrán decirte otra cosa, pero no me importa: si quieres dar grandes pasos en tu vida y ganar mucha pasta, debes de convertirte en un obseso. Llegar a estar tan obsesionado que apagarás la televisión, pero cogerás un libro. Tan obsesionado para apagar la radio, pero escuchar cintas de auto-desarrollo. Transformarás tu mente en una máquina para atraer el éxito, y harás lo que sea necesario para conseguir tus metas deseadas.

Yo llegué a estar obsesionado. Mis amigos, familiares e incluso algunos de mis socios de negocios me dijeron que mi meta era demasiado alta, demasiado grande, demasiado siniestra, y que había muy pocas posibilidades para mi de alcanzar mi meta y esas eran más que las que hay incluso doblando mi organización en menos de cuatro meses. Comencé con el fin en mente. Sacrifiqué algunos fines de semana cuando todos mis amigos iban fuera de fiesta, y me quedé estudiando a las personas con éxito que estaban ganando a lo grande en mi industria. Incluso le dije a mi novia que solo podría verla de 12 a 2 de la madrugada, porque fuera de estas horas estaba maquinando actividades de producción de ingresos.

El mes cuatro llegaba, y my equipo no solo hizo $54,000 en volumen de ventas —finalizamos el cuarto mes con $65,880 en total de ventas. Llegué a hablar en frente de 8,000 personas en Caesar's Palace en Las Vegas aquel mes, y estaba tan orgulloso de mi mismo que podría haber llorado.

Debes de estar preguntándote lo que hice durante esos cuatro meses que no había estado haciendo antes. El producto cuesta lo mismo, teníamos el mismo CEO, y el plan de compensación era el mismo, ¿entonces qué provocó y que causó este enorme crecimiento?

El establecimiento de metas lo hizo posible. Cuando te pones en mente algo, pintas esa imagen viviente de lo que realmente quieres, y desarrollas ese plan de acción para alcanzar tu meta, todo ello llega a ser posible. Tu confianza se dispara, tu convicción en las reuniones llega hasta la azotea, y lo más importante, las personas a tu alrededor cogen tu emoción, energía y entusiasmo, y acaban estando endiabladamente entusiasmados. Yo llamo a este fenómeno: "las estrellas se alinean en el Universo".

> *Cuando estás concentrado, comprometido, y eres consecuente en tus acciones y hábitos diarios, no puedes perder.*

Cualquiera que sea el negocio en el que estés envuelto, cualquiera que sea la empresa que poseas, operes o trabajes para ella, entiende esto: el establecimiento de metas es primordial. Establecer grandes, escalofriantes y descabelladas metas, hacen que tu plan de acción vida en el mundo tipo-C, y perseguirlas con acciones implacables.

No me importa a quien reces, quien es tu padre ni mucho menos me importa cuanto dinero tienes —todo el mundo puede hacerlo cuando están equipados con los principios que yo usé para obtener grandes éxitos. Quiero que **TÚ** creas real y profundamente que **TÚ** mereces el éxito, que **TÚ** deseas el éxito, y que **TÚ** atraerás y alcanzarás el éxito. Creo que tus sueños, y creo en **TI**.

Cuando estableces una meta, tiene que asustarte. Quiero que escribas tu meta en tiempo Presente del Indicativo, empezando con la frase: "Soy feliz y agradecido ahora que…". ¡No dejes a tus metas y sueños dormir lejos de ti. Reclámalos y hazlos que ocurran! Son tuyos.

> *Quiero que creas verdadera y profundamente que mereces el éxito, que deseas el éxito, y que atraerás y alcanzarás el éxito. ¡Creo en tus sueños, y creo en TI!*

Ahora, ve a conseguir lo que quieras, y haz el resto de tu vida lo mejor de tu vida.

PLAN DE ACCIÓN DE ESTABLECIMIENTO DE METAS

"Nosotros somos lo mejor de nosotros mismos, y somos los más felices cuando estamos totalmente involucrados en el trabajo que realizamos en el viaje hacia la meta que hemos establecido por nosotros mismos. Da sentido a nuestro tiempo y reconforta nuestro sueño. Hace que todo lo demás in la vida sea maravilloso y que merezca la pena".

-Earl Nightingale

1. Ten tan claro como el cristal donde quieres estar en tres meses. In seis meses. En nueve meses. En 12 meses.

2. Determina tus metas 'top tres' en lo personal, en la salud y en las finanzas para los próximos 90 días.

Usa la ingeniería inversa. Debes comenzar con el final en mente.

1. Establece tu meta para el primer mes.

2. Establece tus metas para el segundo.

3. Establece tus metas para el tercer mes.

4. Crea una rutina y establece tus planes de acción semanales para cada mes, comenzando con tus resultados deseados.

Escribe estas líneas en un papel y léelas todos los días. Léelas cuando te despiertes por la mañana y cuando te vayas a dormir por la noche, así serán la primera cosa y en la última en la que pensarás en el día. CONCENTRACIÓN, CONCENTRACIÓN, CONCENTRACIÓN.

Tienes que ver estas metas cumplidas en tu mente. Cierra tus ojos. Visualiza como te sentirás cuando hallas completado tu plan. Ve fuera y comienza a conseguir tus metas.

Alex Morton

2 de diciembre, 2012

Un montón de personas dicen que ellos quieren tener éxito. Pero ellos comen, duermen y salen de fiesta más de lo que ellos quieren el éxito. Cualquiera que ha conseguido alguna vez un gran nivel de éxito ha sacrificado muchas cosas para llegar a donde querían llegar. Si piensas que lo más altos líderes de #YPR no ponen nada en frente de su negoció aparte de a Dios y a la familia es porque has perdido la cabeza…

Dejarte el culo trabajando ahora, abandona horas de sueño ahora, sáltate comidas ahora… Para llegar a donde quieres llegar. ¡ALÉJATE del 97 por ciento! ¡No digas lo que dicen! ¡No hagas lo que hacen! ¡No tengas los días como los suyos!

Tenemos todo el tiempo del mundo para fiestas y diversión en nuestros jets privados, helicópteros y yates en los años futuros.

Haz hoy lo que otros no harán para que puedas vivir como otros no podrán mañana. #YPR #GameTime
—En el aeropuerto de Phoenix Sky Harbor.

CAPÍTULO 6

CONCÉNTRATE AL MÁXIMO

"¡CONCÉNTRATE, Alex, CONCÉNTRATE, Alex, CONCÉNTRATE, Alex! ¡Son solo 61 Kg, maldita sea! ¡CONCÉNTRATE, Alex, CONCÉNTRATE, CONCÉNTRATE,

CONCÉNTRATE!", gritó el entrenador de Fuerza y Acondicionamiento del equipo de fútbol de Bexley High School, el entrenador Knapp.

El viejo entrenador Knapp era un hombre impresionante. Con 1.85 metros de altura y 125 kilos, una barriga enorme, barba fornida, tatuajes, escupía tabaco, conductor de una Harley-Davidson y actitud de "me importa una mierda si estás vivo o muerto" en la sala de pesas: era un hombre despreciable.

No había nada peor que los días de pesas con entrenador Knapp. Estaba en la máquina de sentadillas, con 62 kilos sobre los trapecios, haciendo sentadillas paralelas. Los 62 kilos no eran el problema; el problema era la cantidad de repeticiones que tenía que hacer: "hasta que eches la pota, te desmayes, o mueras".

Nunca olvidaré aquel sábado de pesas, durante el cual yo era el último jugador para entrar a la máquina de sentadillas. Probablemente conseguía hacer de 30 a 40 repeticiones, lo cual era bueno para mi, teniendo en cuenta que yo era un tío de 102 kilos que devoraba la comida casera de mamá cada noche. Allí estábamos: yo, la máquina de sentadillas y entrenador Knapp. Sus fríos ojos me perforaban hasta el alma cuando el entrenador gritaba: "Más, más, más! Dame una más, dame una más! Eres más fuerte que eso, eres mejor que eso! CONCÉNTRATE, CONCÉNTRATE, CONCÉNTRATE, CONCÉNTRATE! He dicho que te CONCENTRES!".

Hice todas las repeticiones que pude antes de desplomarme en el suelo, convencido de mi inminente muerte.

Tuve la máxima concentración en la tarea que tenía entre manos, y todo lo que tenía en mente era hacer una repetición más. Para vivir una vida estupenda y ganar a lo grande en los negocios tienes que aplicar la misma concentración en lo que quieres y en cómo lo vas a lograr.

> *La mayoría de los diccionarios definen concentración como: "La capacidad para dedicar todo tu tiempo, tu energía y tu actividad a una actividad particular".*

Ya sea en el deporte, en la universidad o en los negocios, la capacidad para concentrarse es fundamental para el éxito de uno mismo. Cuando eres capaz de concentrarte, te permite estar totalmente centrado en los detalles, te mantiene muy claro en la tarea que tienes entre manos y te ayuda a terminar las cosas con más energía, una mejor calidad en el trabajo y de una manera puntual.

CÉNTRATE EN TUS PUNTOS FUERTES

Es una idea muy simple. Somos buenos en unas cosas y no tan buenos en otras.

Quiero que te concentres en tus puntos fuertes. Toma un segundo, siéntate, respira profundamente y piensa en lo que realmente eres bueno. Apunta todo en lo que te consideres a ti mismo "mejor que la mayoría de las personas".

Es exactamente el ejercicio que hice cuando tenía 18 años, sentado en la última fila del aula 101 de Biología de La Universidad Estatal de Arizona (ASU). Como siempre, en lugar de centrarme en la clase, estuve pensando en qué podía hacer para empezar a ganar dinero. Tomé una hoja de papel y en la parte de arriba escribí "PUNTOS FUERTES" en mayúsculas grandes y en negrita.

A la hora de hacer el ejercicio, también es una buena idea apuntar en lo que no eres tan bueno. Anotando tus debilidades, te puedes centrar más en tus puntos fuertes.

Debajo de "PUNTOS FUERTES" escribí: hablar, escribir, terminar las cosas a tiempo, persuadir a la gente para que hagan lo que quiero que hagan. Incluso escribí "ventas", a pesar del hecho de que nunca había vendido nada antes. Al final de la lista añadí "chicas", ya que pensé que era bastante ligón. En la otra parte de la hoja de papel —las áreas donde flaqueaba— escribí: matemáticas, ciencia, todo lo que tiene algo que ver con la tecnología.

También quiero que pienses en las cosas en las que eres bueno por naturaleza. Cuando alguien es bueno por naturaleza en algo, tiene más probabilidades de llegar a ser más grande que cualquiera que haya tenido que aprender las habilidades para poder ser bueno. Lebron James era bueno en baloncesto de forma natural; lo descubrió y llegó a ser grande. Por otra parte, si te quedas atrapado en convertir tus debilidades en tus puntos fuertes, podría ser que pierdas tu tiempo, tu energía y tu esfuerzo.

En las primeras etapas de mi carrera, mis colegas me dijeron que era un "buen, pero no estupendo" orador público. Siempre he sido un bocazas y en el instituto, fui elegido como capitán de mi equipo de fútbol, porque conseguía animar a mi equipo y emocionarlo mediante el discurso. Una vez de que llegué a darme cuenta de ello, empecé a estudiar cómo pasar de ser un buen orador a un genial orador. Me senté por la noche, viendo los videos de YouTube de personas como Martin Luther King, Barack Obama, Tony Robbins, e incluso los discursos memorables de la entrega de premios. Me dije a mi mismo que si todas estas personas pudieron convertirse en grandes oradores, yo también podía.

Paseaba por mi apartamento, simulando que mi peine era un micrófono, imaginándome a mí mismo dando charlas frente de 10,000 personas. Me imaginaba la gente volviéndose loca al subirme al escenario, y podía practicar mi discurso, mi tono y mi historia del éxito una y otra vez. El dicho "La práctica te hace perfecto" sencillamente no es cierto —la perfección no existe: siempre podemos crecer, evolucionar y mejorar en todo lo que hacemos.

> *La práctica, sin embargo, lo convertirá en algo permanente.*

Como montar en bicicleta, una vez que se aprende, nunca se olvida. Concéntrate en tus puntos fuertes. Cada uno es bueno en ciertas cosas.

> *Descubre tus dones, adopta tus fuerzas y consigue lo mejor con lo que tengas.*

CÉNTRATE EN EL DÍA DE HOY

"Céntrate en el día de hoy" es mucho más que una frase: es una actitud. Una actitud ganadora. Uno de los mayores detrimentos hacia el éxito que he visto en muchas personas es que invierten mucho tiempo rememorando constantemente el pasado o intentando modelar el futuro.

> *Todos tenemos que comprender que el pasado es el pasado, el futuro es un misterio y lo único que podemos controlar es el ahora mismo.*

No importa si ayer fue bueno o malo, caluroso o frío, agradable o triste. Ya acabó; ya se terminó; está completado; no hay nada que tú o yo podamos hacer para cambiarlo, por lo que deja de gastar tu tiempo y energía en ello. Vamos a repetirlo una vez más, para dejarlo más claro que el agua: no puedes cambiar el pasado y no puedes adivinar el futuro —no te quedes atascado en ninguno de ellos y presta tu atención exclusivamente en el presente, en lo que está pasando ahora mismo, en este mismo momento.

A muchas personas les gusta hablar de "viejos tiempos" o "días de gloria". Sí, el instituto fue una gran experiencia. Sí, tengo muchas historias de la universidad para contar. Sí, la comida casera armenia de mi abuela estaba para morirse. Sin embargo, no voy a gastar mis segundos, mis minutos y mis horas hablando de estas cosas.

Si alguien dice que los cuatro años de la universidad serán o fueron los mejores cuatro años de tu vida, significa que tu vida está atascada en un sitio y que no progresa. La idea de alcanzar la cima en el instituto o en la universidad me resulta deprimente. Tu objetivo debería de ser el mejorar tu calidad de vida cada año. Yo tuve un genial 2015, pero es mi deber el tener un 2016 todavía mejor.

Nosotros, como seres humanos, debemos de ir creciendo, esforzándonos para llegar a ser mejores y siempre intentar hacerlo mejor en todo lo que estamos haciendo. ¿Qué es lo que estás haciendo hoy para construir tu negocio? ¿Qué es lo que estás haciendo hoy para mejorar tu salud? ¿Qué es lo que estás haciendo hoy por tus relaciones? ¿Qué es lo que estás haciendo hoy para estar un paso más cerca de convertir tus objetivos y sueños en realidades? Céntrate en el día de hoy. No mires demasiado lejos en la distancia y nunca, jamás, vuelvas a mirar atrás.

CÉNTRATE EN LO QUE ES IMPORTANTE

Concéntrate en tus prioridades. Toda la gente rica y exitosa hace un plan detallado de su jornada, y permite a los demás romper su concentración. Todos tenemos 24 horas al día. Cada persona del planeta tiene exactamente los mismas segundos en su día que tienes tú. Puedes preguntarte a ti mismo: ¿cómo diablos tu amigo, que siempre lo consigue y acaba ganando, parece encontrarse muy por encima de los demás, teniendo exactamente el mismo tiempo que el resto? ¿Cómo puede ser tan sobresaliente en todo lo que hace? ¿Cómo puede ser que siempre parezca hacer mucho más que cualquier otra persona?

Todos los ganadores en tu vida —los que cortan el cotarro y los altos productores en cualquier industria en la que estés— juegan según las mismas reglas y siguen las mismas leyes del éxito. Una de ellas es la gestión del tiempo y aplicación de los hábitos diarios que a lo largo del tiempo se convierten en rituales. Saca una hoja de papel y escribe tu meta anual de este año. Dibuja un círculo alrededor. Escribe los números del uno al diez, y luego, junto a cada número, escribe las cosas más importantes que tienes que hacer diariamente para asegurarse que tu gran y alejado objetivo se cumpla. Concéntrate en estas diez cosas.

Puedes usar la lista de "las 10 cosas más importantes" en cualquier área de tu vida que quieres mejorar, desde negocios, finanzas y amistades, hasta en las relaciones. ¿Qué tienes que hacer para lograr tus objetivos? ¿En qué tienes que centrarte para conseguirlo? Ajusta tu agenda, calendario, o aplicación para smartphone para tener una detallada lista de pasos a lo largo del día. Despertarse a una hora aleatoria, acostarse a una hora aleatoria y hacer todo lo que te apetece a lo largo del día, no te va a llevar al gran éxito que deseas. ¡Eres un idiota si piensas que la gente con éxito que está en tu vida no se centra en lo que es importante, y la mayoría, es en lo que se concentran, pues lo más importante es lo primero! ¡Déjate de tonterías y concéntrate en las cosas y actividades que sabes que debes hacer a diario para ganar!

Todos tenemos objetivos y sueño y a veces, puede ser complicado mantenerse concentrado en la meta. Para llegar a ganar $1,000,000 he tenido que centrarme en mis puntos fuertes, convertir lo bueno en excelente, dominar el arte de centrarme en el presente y sacar el máximo provecho de cada día, así como centrarme en las cosas que podían llevarme desde el punto donde estaba hasta el punto al que quería llegar.

Funcionó para mí, puede funcionar para ti, te lo prometo.

Publicación de Alex Morton en Facebook

Diciembre 26, 2013 · Henderson, NV ·

Preparándome mental, emocional, física, y espiritualmente para un GRAN 2014. No importa lo que hiciéramos en el 2013, ya se ha terminado, me di a mí mismo una palmadita en la espalda: tu puedes seguir adelante y hacer lo mismo.. Todos aquellos largos días, aún más largas las noches, las tempranas mañanas, rutas en coche, vuelos, sacrificios, viajes, reuniones, llamadas... MOLA. Todos hemos trabajado duro, pero no lo suficientemente duro. Todos hemos trabajado de forma inteligente, pero no suficiente inteligente. Yo tengo mis objetivos para el 2014 bien establecidos.

¿Y tu? Voy a romper CIENTOS de historias de jóvenes ayudándoles a cambiar sus vidas, escribiendo un libro, y lo más importante... VOY A TENER UN IMPACTO POSITIVO EN EL MUNDO Y CONSTRUIR MI LEGADO DEL CUAL PODRÁ ESTAR ORGULLOSA MI FAMILIA!!!
#2014 #ElMejorAño #PonerMetasAtemorizantes #YPR

CAPÍTULO 7

YOUNG PEOPLE REVOLUTION - MILLENNIALS, CÓMO CAPTURAR NUESTRA ATENCIÓN Y NEGOCIO: LA TORMENTA PERFECTA DE OPORTUNIDADES

Seamos realistas: la economía está por los suelos, el mercado laboral es horrible, la deuda de préstamo estudiantil es la deuda más grande de America, y todos los *baby boomers*[1] siguen trabajando. Los métodos de antaño, el antiguo sistema, la manera antigua de pensar y de vivir simplemente están anticuados —ya no estamos en 1960!

No me cansaré de repetirlo: la idea de ir a la escuela para sacar buenas notas, para luego meterse en muchos préstamos para ir a la universidad y obtener más buenas notas, para graduarse para trabajar en un sitio donde alguien te dicte todo desde cuando puedes ir a mear hasta cuando puedes irte de vacaciones con tu familia es literalmente de locos. Y para empeorar las cosas, normalmente tienes que trabajar 40 horas a la semana, durante 40 años de tu vida, para finalmente intentar conseguir jubilarte con el 40 por ciento de tu sueldo. A mi me suena bastante estúpido.

Aquí va una pregunta para que pienses: ¿cuándo fue la última vez que fuiste a una fiesta de jubilación? Exactamente, mi punto aquí es que la promesa de jubilación, hoy en día es una falacia. ¡Es tiempo para que despiertes, de que te animes y tomes el control de tu propia vida!

---

1. *Persona nacida entre el 1945 y 1965, durante la explosión de natalidad a lo largo de la posguerra de la Segunda Guerra Mundial.*

Existe una "revolución de jóvenes" que ha tenido lugar en el mundo de la economía. Parece que cada empresa, cada CEO y cada persona con cerebro está intentado acceder a ella y finalmente, dominar esta parte del mercado. Todos están concentrados en atraer y reclutar *millennials*[1], y acceder a su mercado.

En 2015, la generación Millennial está predispuesta a que sobrepase a la "más grande de todos los tiempos" —la generación de "baby boomers"— como la mayor generación viviente. Sip, te acabas de enterar ahora, los Millennials superan a los "Baby Boomers". Nosotros, Millennials, somos las personas entre 18 y 34 años. La Oficina del Censo calcula que la población de Millennials fue de 74,8 millones de personas en 2014. En el 2015, la población Millennial creció en tamaño hasta 75,3 millones, convirtiéndose en mayor grupo generacional existente. Una vez de que uno recibe la atención de este mercado, no solo gana, sino domina. De lo que estamos hablando aquí es de un gran negocio. Muy pronto, los Millennials van a mover el mundo entero.

Puedes estar preguntándote por qué deberías de salir e intentar atraer a los jóvenes a tu negocio, ¿por qué es importante, y cómo diablos tendrías posibilidad de poder hacerlo? Estoy aquí para guiarte a través de la estrategia que se llevará a cabo.

Hay mucho "gurú para jóvenes" por ahí que hablan sobre estos temas, aun teniendo 40 años. Es como si yo intentara explicarte cómo se siente como si estuviera en tu lecho de muerte. Nunca he estado en mi lecho de muerte y no es mi intención el estar allí tan pronto. He construido mi organización desde 0 personas hasta 15,000 personas por todo el mundo y la mayoría de ellas son Millennials. Y estoy a punto de regalarte todos mis secretos.

---

1. *Personas nacidas entre 1981 y 1995, también conocidos como jóvenes de la generación Y. El término millennials viene dado debido a que son la generación que se hizo mayor de edad con la entrada del nuevo milenio.*

Ser una de las primeras personas en una industria multibillonaria que rompió este mercado tan joven y tan amplio, sin duda tuvo sus beneficios, pero también ha tenido algunas penurias.

Empiezo, estuve atendiendo a la Universidad Estatal de Arizona —la cual tiene 81,000 estudiantes— y, siendo posible observar tantos jóvenes al mismo tiempo, me he dado cuenta de que a la mayoría de ellos no le gusta cuando les dicen lo que tienen que hacer, cuando tienen que hacerlo, cuando tienen que estar en una clase, cuando tienen que hacer las tareas, los exámenes, y ese tipo de tonterías. Recuerdo el estar sentado en la Biblioteca Hayden "estudiando" —lo que también conocemos como memorizando— algunas cosas sobre los biomas de bosques pluviales, pensando: "¿Cómo, en todo esta tierra de Dios, esta información me va a servir para ganar dinero? Es un fastidio total el que vaya a estar aquí sentado las próximas ocho horas para simplemente memorizar hechos, vomitarlos todos en el examen a las 9 de la mañana, e inmediatamente olvidarlos, para tan solo aprobar el curso".

La mayoría de tiempo, cuando observaba a la gente caminando por el campus, parecía una escena de la película de un apocalipsis zombie o de robots sin cerebro tambaleándose por todo el lugar. Sé que algunos de vosotros estaréis pensando que soy un capullo al que no le gusta la escuela y le disgusta la universidad, por lo que, obviamente sería mi punto de vista. Tengo un grado, mi hermana pequeña tiene un grado y estoy a favor de la escuela. Tampoco desprecio el trabajo, tan solo estoy abierto a las oportunidades.

Hay miles de campus universitarios con cientos de miles de estudiantes que vagan sin rumbo. La mayoría de ellos no tienen ni idea de por qué están allí, no les gustan las clases, y están buscando una oportunidad. Ahí vi la enorme necesidad que había que llenar —Y literalmente, es una tormenta de posibilidades. Si estas leyendo esto, y te dedicas a los negocios, deberías centrar la mayoría de tu tiempo, de tu energía, esfuerzo, y dinero en sacarle provecho a este marcado.

> *Recuerda que en el mundo de los negocios, nuestro objetivo es resolver los problemas de los demás y satisfacer sus necesidades.*

Aquello me impactó, y todo tuvo sentido: he visto las oportunidades que me permitieron convertirme en millonario. ¡Cuando las cosas tienen sentido, fabrican dinero, y un montón! Me emocioné al ver todo lo que era posible alcanzar.

Mi negocio empezó con un grupo pequeño en mi dormitorio de la universidad, y se convirtió en un fenómeno. Voy a explicarte lo que hice, cómo lo hice y cómo mis experiencias pueden ayudarte a reventar tu negocio. La YPR está empezando mover el mundo — Y cuando penetres en este mercado, podrás ir de cero a héroe en un santiamén.

COMO LLEVAR A LOS MILLENNIALS A TU NEGOCIO

Nosotros, los Millennials, somos distintos tipos de personas. No crecimos jugando al corre que te pillo o al escondite. Era algo más con Nintendo 64 y Xbox. Debido a la tecnología, somos muy distintos de los de la generación de los "Baby Boomers" y todos los que llegaron antes que nosotros.

Nos gustan las cosas simples, sin complicaciones, fáciles y eficaces. Nos aburrimos fácilmente, básicamente todos tenemos TDAH[1] y queremos libertad. Queremos libertad total financiera y de tiempo. No te puedo enseñara química, biología o japonés, pero te puedo ayudar a penetrar en el mercado de los Millennials.

Hay unas cosas que tienes que entender y dominar antes de captar con éxito nuestra atención:

Entiende que cuando te acercas o hablas a los Millennials, queremos que seas normal. A nadie le gusta estar vendido, especialmente nosotros. Si te pones muy agresivo, inmediatamente nos desconectamos. En lugar de enseñar tu producto o servicios imponiendo tus propios valores e intentando "cerrar el trato", es mejor acercarse primero como un amigo, y luego como

---

1. *Trastorno de Déficit de Atención con Hiperactividad*

Creo que un buen acrónimo para eso seria F.O.R.M. = FAMILIA, OCUPACIÓN, RECONSTRUCCIÓN y MOTIVACIÓN.

Consigue que te hablen de ellos. Una vez llegues a ser bueno buscando y conectando con los Millennials, durante las primeras 5-10 minutos de la conversación, deberías ir con expectativa hablando de sus familias, sobre qué se dedican, qué hacen para divertirse, qué es lo que les motiva. Cuando nos hables, tienes que estar verdaderamente interesado en conocernos — sabemos diferenciar cuando estás intentando simplemente cerrar una venta.

Cuando doy discursos por todo el mundo, siempre hablo de cómo todo el mundo debería de hacer preguntas con importancia. De hecho, te lo garantizo, estas a una pregunta de un gran avance en tu negocio. A las tías las encanta hablar de ellas mismas, a los tíos les encanta hablar de ellos mismos, y a los Millennials, te aseguro que les encanta mucho más el hablar de ellos mismos. Así que tú, siendo un hombre de negocios, necesitas hacer preguntas esenciales para conseguir que hablemos. Si puedes conseguir una expectativa hablando lo suficiente sobre los suficientes temas, vas a encontrar lo que yo llamo "botón caliente".

Digamos, eres afiliado a una compañía que tiene una bebida energética increíblemente saludable, y eres recompensado por la cantidad del volumen de ventas que tu equipo y tú habéis producido. Obviamente, quieres buscar con el fin de contratar a esa gente con una gran red social —esa gente son los Millennials.

Practica empezando por una charla con un barista la próxima vez que vayas a Starbucks. Tu objetivo es construir una relación, reunir información de contacto, y establecer la siguiente exposición. No se trata de pim, pam, gracias señora y luego ponerte con la venta de tu bebida energética y conseguir satisfacerles por tu negocio en tal solo un momento.

---

1. *Título original de la película "Éxito a cualquier precio" (1992). Dirigida por James Foley.*

Nosotros, Millennials somos personas visuales. Si tu objetivo final es vendernos algo, debes usar herramientas visuales, como por ejemplo, un buen vídeo de YouTube, un folleto lleno de energía o unas muestras de tu producto.

Cuando empecé darme cuenta de esto, llenaba un frigorífico con productos de mi empresa cada vez que salía de casa. Donde quiera que fuera, dejaba muestras de mi producto. Cada vez que daba una vuelta, entraba al al gimnasio, llevaba el batido de proteína de mi empresa bien frío y listo para tomar. Cuando salía con mis amigos, siempre tenía bebidas energéticas super frías en mis bolsillos. Entrar a un club o a un bar con los bolsillos abultados puede parecer un poco raro, pero si por hacerlo una y otra vez te pagaran $1,000,000, lo harías? Eso pensaba.

A los Millennials les encanta estar rodeados de gente y de sitios con mucha energía. Si contratas Millennials en tu organización, háblales sobre el ambiente familiar de trabajo, sobre ese nivel cultural tan energético, o de la gente positiva y tan motivada que van a tener alrededor.

Una de las principales razones por las que mi equipo creció tan rápidamente hasta 15,000 personas fue porque a todos les encantaba "el efecto campamento". Los convenios, eventos y reuniones de la empresa siempre se centraban en crear el ambiente más divertido posible.

Sonríe. Suena simple, pero algo tan pequeño como una sonrisa puede provocar un gran cambio emocional en otra persona. Esto te puede parecer bastante gracioso, pero he conseguido que innumerables conversaciones fueran dirigidas a relaciones comerciales, simplemente por sonreir a la gente. Y no hay muchas personas que sonrían, así que cuando te de más por sonreír, la gente lo notará!

Estate dispuesto a hacer cualquier cosa que sea necesario. Si eso significa explorar el mercado en un campus universitario durante cuatro bajo el sol ardiente, o pasar el día entero en el Starbucks para conocer nuevas personas, pues se hace. Podría estar contándote historia tras historia sobre lo que llegué a hacer para hacer crecer mi negocio las cuales no disfruté para nada. No va a ser fácil —nada fácil merece la pena— pero será recompensado, te lo aseguro.

MANDAMIENTOS PARA ATRAER A LOS MILLENNIALS

1. No seas un tío raro repulsivo.
2. "Relájate", y no intentes cerrar una venta en la primera exposición.
3. Interésate con sinceridad en conocer la persona.
4. Empieza conversaciones con sentido.
5. Haz preguntas hasta que completes el F.O.R.M.
6. Utiliza herramientas tanto como te sea posible.
7. Descubre POR QUÉ haría lo que tu quieres que hagan.
8. SONRÍE.
9. Haz lo que sea necesario.
10. HDSI Haz que los demás se dientan importantes, en particular los Millennials.

Conocemos las estadísticas, sabemos que los Millennials están tomando el control y tenemos una firme comprensión y siempre y cuando descubras este tipo de mercado, serás capaz de dar grandes saltos en tu negocio. Cuando pongas como norma los 10 mandamientos antes mencionados, comprenderás que tienen más valor que el oro y que literalmente pueden cambiar tu negocio entero, siempre asegurándote de que los estas empezando implementar. Aunque sean muy simples, ejecutados correctamente, funcionan a la perfección.

LA CHICA EN LA TIENDA DE SKATE

Era un caluroso día en la Universidad Estatal de Arizona cuando he entre a una tienda de skate en el campus. Llevaba unos seis meses en mi carrera y ganaba aproximadamente $1,500 al mes.

A los 21 años, trabajando para ti mismo y pasándotelo bien bien, ganar una extra de unos $1,500 al mes, estaba bastante bien. Fue mi primera verdadera experiencia en venta directa, y como ya te puedes imaginar, estaba a super emocionado.

Ese día me fui de compras para pillarme una mochila, porque iba a acompañar al CEO de la compañía en un viaje de negocios a Carolina del Norte el próximo fin de semana y quería algo para guardar mi portátil y los cascos. En el momento que entré a la tienda de skate, inmediatamente fui saludad por una alta y acogedora voz que gritaba: "¿Qué pasa colega

¡Avísame con cualquier cosa que necesites!"

Levanté la mirada y vi a una chica guapa detrás de la caja registradora e inmediatamente pensé, Wow, definitivamente necesitaba hablar con ella sobre mis negocios. Empece caminando sin rumbo alrededor de la tienda, mirando zapatos, camisetas, pantalones cortos, básicamente cada artículo, menos para lo que inicialmente había venido: una mochila.

Cinco minutos mas tarde, la chica se acercó y me preguntó: "¿Qué es lo que estás buscando exactamente tío?" La dije que estaba buscando una mochila y me dirigió hacia donde estaban las mochilas, mostrándome las opciones que tenia. Estaba frío, relajado y comencé a recolectar cuando empece hacerla preguntas sobre ella: en qué se estaba especializando en la universidad y de donde era. Finalmente, la he hice la pregunta que realmente pone en marcha a las emociones: si lo que hacía la apasionaba.

Me dijo que no y que quería viajar por el mundo, ganar dinero, y ayudar a su padre a jubilarse. En este punto había descubierto que no le apasionaba el trabajar allí y que quería viajar, ganar dinero, y ayudar a su padre jubilarse. Así que en tan solo 8 minutos había encontrado su "botón caliente".

Después de que me ayudara a encontrar la mochila, la regalé una muestra fría de mi producto y nos intercambiamos los teléfonos. Al día siguiente, la seguí (la suerte esta en el seguimiento) y establecí el tiempo para la siguiente exposición.

Me estuvo ignorando durante una semana. Pero finalmente, se vino de nuevo a mi y quedamos de nuevo. La enseñé el video de la empresa (la herramienta) y se inscribió a mi negocio.

Kailey, "la chica de la tienda de skate", acabó convirtiéndose en la mujer más rápida de la empresa en llegar a alcanzar la marca de 250,000 de dólares, con tan solo 21 años. Cualquiera puede hablar a la gente, construir una relación, enseñar los productos, planificar una reunión, realizar un seguimiento, sonreír, ser agradable, utilizar una herramienta e inscribirles en el negocio.

Recuerda, la práctica no hace a la perfección, crea permanencia. Puede asustar hablar a un completo desconocido; puede ser incómodo cuando la persona que intentas involucrar no quiere ni siquiera escuchar; puede ser hasta doloroso a veces. Cuando estas preparado para renunciar, no te olvides que cada persona que logró el gran éxito, ha pasado por altibajos, pruebas y tribulaciones.

> *¡Puedes hacerlo, puedes conseguirlo, solo sigue siguiendo,*
> *y jamas te das por vencido!*

Alex Morton Facebook Post

Diciembre 8, 2014 · Toronto, Canada ·

Frente de 100+ gente me acaba de llamar mi mentor Bob Proctor para escribir y publicar mi libro dentro de los siguientes 90 dias. # DesafíoAceptado

CAPÍTULO 8

EL FIN DE SEMANA QUE CAMBIÓ MI VIDA

Estaba sentado en mi casa en una cálida mañana en Las Vegas cuando mi teléfono sonó. Fue un fin de semana que cambió mi vida, y el recuerdo está tan impreso en mi mente que lo siento como si fuera ayer. En la vibrante pantalla del móvil se leía: "llamada entrante: Bob Proctor".

MI AMIGO Y MENTOR, BOB PROCTOR

Mi mentor y buen amigo Bob Proctor es uno de los mejores oradores del mundo. En mi opinión, no hay ninguna otra una persona en la tierra que entienda la mente humana, y lo que se necesita para lograr obtener un gran nivel de éxito, tal y como lo hace Bob. Durante 40 años, Bob ha centrado su energía en ayudar a las personas a crear vidas prósperas, relaciones gratificantes y conciencia espiritual.

Él sabe cómo ayudar a las personas, sin importar en qué momento estén de sus vidas, ya que él mismo viene de una vida de necesidades y limitaciones. En 1960, fue un desertor de secundaria con un currículum de empleos sin porvenir y un futuro dudoso. En algún lugar del camino, alguien le dio una copia de *Napoleon Hill's Think And Grow Rich*[1], que sembró la semilla de la esperanza en la mente de Bob. Comenzó a leer las obras de Earl Nightingale y otros gurús motivacionales. En pocos meses, la vida de Bob literalmente dio un giro de 360 grados. En un año, estaba logrando hacer más de $100.000 y pronto alcanzó la marca de $1 millón.

Bob se trasladó a Chicago para trabajar para sus mentores sobre la realidad de la vida, Earl Nightingale y Lloyd Conant. Tras llegar a vicepresidente de ventas en Nightingale-Conant, fundó su propia compañía especializada en enseñar a otros todo lo que había aprendido en su ascenso al éxito. Bob viaja ahora por todo el mundo enseñando a miles de personas a creer como actuar para la grandeza de sus propias mentes.

AQUELLA LLAMADA QUE CAMBIÓ MI VIDA

Cuando el identificador de llamada mostró el nombre de Bob Proctor, me quedé en shock. Levanté la mirada de la misma manera que un aspirante a jugador de baloncesto busca a Michael Jordan. Rápidamente descogué, y Bob y yo empezamos a hablar.

Me contó acerca del seminario más esperado que se celebra cada año en Toronto llamado "The Matrixx". Este evento está reservado para personas que realmente están tratando de cambiar sus negocios, finanzas, relaciones y vidas. El seminario que cuesta $15,000 por persona, literalmente, cambia la vida de la gente.

Liberé mi horario y anoté en mi agenda que iba a estar en el evento "The Matrixx" en Toronto lloviera o tronase. En las semanas previas al gran evento, invertí tiempo en mirar algunos de trabajo de Bob en YouTube y leer su libro homónimo: Bob Proctor. Sentí como si me hablara a mí, alcanzándome profundamente el alma. Sentí una conexión con él que realmente no podía expresar en palabras. Yo sabía que él tenía conocimientos que me podrían beneficiar enormemente y me convencí en que no pararía ante nada hasta conseguirlos.

Finalmente llegó el momento de preparar la maleta, llenarla de ropa de invierno y ponerme en marcha hacia Toronto. Antes del evento, Bob nos había pedido a todos los asistentes que viniéramos con una mente abierta, un espíritu abierto y una gran meta para el 2015. Llegué al hotel, me acomodé en mi habitación y esperé pacientemente la llamada

---

1. *Obra escrita por el mismo Napoleon Hills publicada en 1937 y basada en su anterior obra The Law of Success.*

del despertador de las 7:00 de la mañana. Me sentía como si tuviera de nuevo ocho años en Orlando, Florida, esperando para entrar al parque de Disney World. Me desperté aquella mañana y me preparé para embarcarme en una semana que cambiaría mi vida.

Honestamente puedo decir que esos cinco días en Toronto me ayudaron a ser transparente en lo que quería lograr y cómo iba a hacerlo, incluso escribí los dos primeros capítulos de este libro durante el tiempo libre que teníamos en Toronto. Bob me hizo levantarme frente a cientos de personas y públicamente me retó a escribir un libro. Él y yo sabíamos que no tenía absolutamente ni idea de cómo escribir un libro, pero me convencí aquel día de que no sólo iba a escribir un libro, sino que también iba a crear una herramienta para ayudar a la gente a ganar más que nunca y vivir una vida excepcional.

En las siguientes secciones, voy a contaros exactamente lo que mi mentor, el Sr. Bob Proctor, me dijo durante aquellos cinco días, que cambió el curso de mi vida para siempre. Voy a referirme a estos temas como "Pepitas de oro". Estoy cien por cien seguro de que al aplicar estos temas a tu vida, podrás convertir tus sueños en tu realidad cotidiana. Te daré las enseñanzas y filosofías, y además, te ayudaré a desarrollar la mentalidad que mi mentor me ayudó a crear para mí mismo. Con esta mentalidad, serás consciente de cómo también puedes crear la vida de tus sueños.

Pepita #1- NUNCA PIENSES HACIA ATRÁS

Soy una persona muy transparente. No miento, no prometo más de lo que puedo dar ni engaño a la gente. Después de la primera jornada en el seminario de Bob, fui y le pregunté su opinión sobre algunos eventos pasados en mi empresa. 2014 ha sido un año de aprendizaje. Mis ingresos fueron buenos, pero la empresa había tomado algunas decisiones cuestionables que causaron algunos dolores de cabeza en el sector.

Bob me miró a los ojos y dijo: "No lo sabría, porque no miro hacia atrás". El segundo en el que esas palabras salieron de su boca, se encendió una bombilla como una sirena de un camión de bomberos en mi mente. Él se adelantó para darme una explicación sobre su frase de vida y dijo: "Alex, Déjame hacerte una pregunta. ¿Crees que es posible retroceder en el tiempo a las 7:00 de la mañana cuando te despiertas, y cambiar lo que sea sobre aquel momento o cualquier otro?".

Bob continuó: *"por supuesto que no. Por lo tanto, no dejo que mi mente piense o vaya hacia atrás, porque no puedo controlar lo que ya ha sucedido. Si me entero de algo malo que está pasando en el mundo, no voy a encender las noticias y sentarme frente al televisor. Me siento mal, por supuesto, pero no hay nada que pueda hacer para arreglar la situación. Tiendo a pasar la mayor parte de mi tiempo pensando hacia adelante y encontrando maneras de crecer cada día para convertirme en la mejor versión posible de mí mismo. "*

Cuando empecé mi negocio en 2011, fue difícil para mí dejar atrás algunos de mis errores del pasado que mentalmente me frenaban para alcanzar todo mi potencial. Siempre pasé de curso, tuve amigos, pero nunca llegué a tener el papel de honor distinguido en clase. Mi primer año de Universidad, tuve tantos problemas que me llamaban "el peor residente del campus". Durante la Universidad, tuve que cambiar mi especialidad varias veces, porque no entendía algunas asignaturas como economía o laboratorio. Toda mi vida, me dijeron que era bueno, pero nunca de los mejores. Las experiencias pasadas pueden provocar temor y preocupación en tu mente, esto no conviene porque la mente controla el cuerpo, y el cuerpo controla nuestras acciones.

Cuando tenía 21 años, permití que mis errores y fracasos del pasado me frenaran para conseguir el éxito que tenía detrás de la puerta. Detente un segundo y piensa en tu pasado. ¿Hubieron alguna vez momentos en los que pensabas para ti mismo que no eras lo suficientemente bueno, inteligente o digno de alcanzar el éxito?

Bob Proctor me enseñó que nunca podemos pensar en el pasado: que simplemente no nos hace ningún bien. Sí, está bien pensar en recuerdos de la infancia o en un ser querido un rato, sin embargo, tu tiempo será mejor invertido planificando, analizando y trazando estrategias para mejorar tu futuro y convertir tus metas y tus sueños en realidades.

Pepita #2- SI LO VES EN TU MENTE, PUEDES AGARRARLO CON TUS MANOS.

La idea de que si se puede ver algo en tu mente, puedes conseguirlo, es una de las ideas más poderosas que me han enseñado jamás. Mi primer contacto con esta forma de pensamiento vino de mis padres. Recuerdo cuando era pequeño, mi madre siempre me decía que podría ser lo que quisiera de mayor. Recuerdo claramente la frase: "Si puedes soñarlo, puedes hacerlo", hablando en la mesa durante una cena en familia. Mi padre con frecuencia me decía: "tienes que verlo primero: tienes que verte a ti mismo con lo que quieres conseguir antes de que puedas hacerlo realidad".

Recuerdo cuando estaba tratando de convertirme en capitán del equipo de fútbol en el instituto. Todo el mundo — me incluyo — sabía que no era uno de los mejores jugadores en el campo. Mi madre me aconsejó: "actúa como si ya fueras el capitán, sé vocal, sé fuerte, sé un líder y FÍNGELO HASTA QUE LO CONSIGAS. Créete un Capitán ahora, antes de que te hayan elegido". Fui votado capitán en el último año.

A los 18 años, obtuve la licencia para ser un agente de bienes raíces en Arizona, no tenía ni idea de qué demonios estaba haciendo. Ser joven es a menudo un detrimento como agente de bienes raíces porque los clientes potenciales asumen que no sólo careces de experiencia profesional comprando casas, sino que tampoco la tienes vendiéndolas. Mi padre me enseñó a comportarme como un experto. Me dijo que si no sabía la respuesta, debía encontrar un mentor para que me ayudara. Lo más importante, insistía: "Actúa, viste y habla como un agente que ha estado vendiendo casas muchos años". Me centré en el alquiler de apartamentos ya que el mercado estaba muerto durante esos años. Trabajando a tiempo parcial y a pesar de mi edad, hice más de $50.000.

A principios de 2011, cuando adquirí más experiencia en marketing, mis mentores, mis entrenadores y mis padres me dijeron: "lo que estás haciendo y creando no ha sido hecho antes. En este punto, si actúas con seguridad, con entusiasmo y pintas una visión bastante clara del futuro para otros, serás capaz de liderar un movimiento de jóvenes que quieren cambiar sus vidas". Y eso es exactamente lo que pasó.

Si estás leyendo esto, debes de entender que tus resultados no vendrán del mero intelecto ni por conocer más información. Tu mente consciente no te moverá hacia delante. Todo está en tu mente subconsciente. Si quieres discutir esto conmigo, adelante, pero hay muchas pruebas. Hay una razón por la qué mucha gente "con estudios" no logra nada de gran impacto, en cambio, algunas de las personas de bienes que tú y yo conocemos no parecen las más inteligentes.

Negamos con la cabeza preguntándonos cómo fueron capaces. Lo que tienes que decirte a ti mismo es: qué necesito para saber exactamente lo que él hizo, para que yo pueda hacer lo mismo. Debes grabar la imagen de cómo quieres que sea tu vida en tu subconsciente; tu futuro coche, la casa de tus sueños, la pareja de tus sueños, tu saldo bancario, buena salud y tiempo libre.

Tienes que entender que los PENSAMIENTOS son COSAS.

Si no entiendes la ley de la atracción y cómo esta funciona, tira tu libro de texto de cálculo, coge un libro real y aprende. Llega a nosotros todo lo que pensamos. TIEMPO. Y en lo que más nos concentramos se convertirá en realidad.

Atribuyo todos los éxitos y también todos los fracasos que he tenido en mis 25 años a las leyes del éxito. Si investigas, al más respetado líder, famoso actor, músico consumado o atleta excepcional, encontrarás que la mayoría de ellos se discutirá la ley de atracción o su equivalente. Hablarán de su subconsciente y de cómo hay leyes universales que juegan en nuestro favor o en nuestra contra 24/7, nos guste o no. Solo tienes que aprender a aprovechar la fuente. Y todo comienza con tus propios pensamientos.

"Si lo ves en tu mente, puedes cogerlo con tus manos".

Pepita #3- LA LEY DE COMPENSACIÓN Y COMPROMISO

La ley de la compensación establece que "la cantidad de dinero que ganas es directamente proporcional a la necesidad con la que lo haces, a tu capacidad para poder hacerlo y a lo difícil que es sustituirte". Puesto que estás leyendo este libro, supongo que te gusta la idea de tener mucho dinero y te gustaría ganarlo en un futuro muy próximo.

Cuando sigas la ley de la compensación, debes colocarte a ti mismo para la prosperidad. En otras palabras, debes de asegurarte que estás en la industria correcta y vendiendo el producto adecuado. Un producto que a la gente le encante, con el que desarrollen un vínculo emocional y no puedan vivir sin él. Cuando empecé mi negocio, yo sabía que tenía que estar trabajando con productos que la gente amara día tras día, mes tras mes y año tras año.

En segundo lugar, la ley de compensación establece que el mercado te premiará en función de tu capacidad de actuar. Esto significa que debes de poseer las habilidades necesarias para el éxito masivo, y tienes que aprenderlas, estudiarlas, implementarlas y dominarlas. Es casi de sentido común entender que si quieres ganar mucho dinero en cualquier área, vas a necesitar dominar las habilidades para cerrar acuerdos y hacer que ocurra. La ley de la compensación funciona siempre. Nadie va a pagarte un sueldo de profesional si sólo posees habilidades amateurs.

También has de esforzarte por ser "irremplazable". Debes separarte de la manada y convertirte en un líder. Yo he averiguado cómo hacerlo, y es muy, muy simple. Piérdete por ahí, déjate ser vulnerable y siempre se un líder ejemplar. En mi opinión, un líder ha de decir lo que ve y no endulzar la verdad. Si nos fijamos en mi página de Facebook y bajas hasta 2011, se puede ver que incluso cuando no tenía dinero ni conocimientos, tenía corazón. Estaba liderando con el ejemplo y construyendo el negocio desde el primer día.

¿Si no te pueden reemplazar, adivina qué? Te pagarán y te pagarán bien. Este concepto tiene sentido. Y cuando las cosas tienen sentido, hacen dinero. Encontrar una necesidad en el mercado y llenarla, adquirir las habilidades y destrezas de tu área y esforzarse por ser insustituible. Serás capaz de dominar la ley de compensación, simplemente siguiendo las indicaciones anteriores, y al hacerlo, serás gratamente recompensado.

La idea del compromiso es fácil, pero llevarla a cabo es difícil. Es muy fácil para alguien estar apasionado unas semanas o incluso unos años, pero lleva un enorme compromiso y el corazón de un campeón permanecer apasionado hasta completar tu objetivo. Cuando estudio a personas con grandes sueños, es absolutamente asombroso ver cómo muchos de ellos perdieron su objetivo o dejaron de esforzarse justificándose con excusas o siendo perezosos, o en otras palabras, conformándose.

Uno de mis "mentores de You Tube", Jim Rohn, dice: **"Para que las cosas cambien, debes cambiar tu. No desees que sea más fácil, desea que seas mejor"**.

Personalmente, mi frase favorita de Rohn es: **"La gente con éxito hace lo que la gente sin éxito no quiere hacer"**.

La idea del compromiso es probablemente una de las cosas más fáciles de entender. Sabes exactamente lo que se necesita para lograr tu objetivo, ahora, en este mismo segundo —no acabas de tomar aún la decisión de comprometerte con este objetivo hasta que el trabajo se ha terminado.

Abraham Lincoln dijo una vez: "El compromiso es lo que transforma una promesa en una realidad". Si es compromiso el comer una manzana al día, correr siete millas a la semana, o conocer a cinco personas nuevas cada vez que sales de tu casa, debes de entender que el compromiso es la única manera de ver los resultados. **El verdadero compromiso es hacer lo que dijiste que ibas a hacer, incluso cuando la pasión se ha ido**.

Cada año la mayoría de empresas tienen una convención anual. Gente de todo el mundo viaja a estas convenciones para recibir formación, motivación, inspiración de compañeros y expertos del sector y, sobre todo, hacer un compromiso para construir sus negocios más fuertes que nunca. Es asombroso cuántas personas hacen un compromiso, se fijan una meta, y, luego, dos semanas o dos meses más tarde, están en su misma rutina, obteniendo los mismos resultados pobres y poniéndose las mismas excusas cutres.

Te reto a que te comprometas y permanezcas comprometido con tus metas y sueños. Para de dejarte influenciar por acciones y opiniones de otras personas. Déjales pensar y decir lo que quieran. Es curioso, porque todos estos críticos que tratan de derribar personas ni siquiera tienen un plan, todo lo que tienen es una crítica. Céntrate, emociónate y mantente comprometido. Me dijo un mentor que u hábito tarda en formarse 21 días. Eso son sólo tres semanas. ¿Puedes comer sano durante 21 días seguidos? ¿Puedes comprometerte en hacer una presentación al día durante 21 días o hablar con una persona nueva al día durante 21 días? Permíteme ser honesto aquí: Si dices que no puedes, es una total y absoluta mentira.

> *PUEDES comprometerte, puedes decidir hacerlo y puedes conseguir tus metas y objetivos. Hacer el compromiso hoy. Valdrá la pena.*

Bob Proctor ha de ser uno de los hombres más interesantes con los que he tenido el placer de conocerles y trabajar con ellos. Él se preocupa por la gente. Él podría estar cómodamente jubilado desde hace décadas, sin embargo, todavía viaja por el mundo, ayudando a mejorar la vida de la gente. Él tiene ahora más de 80 años, pero posee la energía de un adolescente apasionado de 18 años. Si no estás familiarizado con Bob, familiarízate. Si no has estudiado sobre él, estudia, porque su información cambió toda mi vida.

Publicación de Facebook de Alex Morton
13 de diciembre de 2013 · Chicago, IL

Habrá enemigos, habrá escépticos, habrá incrédulos, y luego estarás TÚ, demostrando que estaban equivocados y lo más importante, demostrando que tenías razón.
#PersigueTusSueños

Publicación de Facebook de Alex Morton
08 de diciembre de 2014 · Toronto, Canadá ·

Si alguien no está en sincronía, alineado, en la misma onda o frecuencia con tus metas, sueños, aspiraciones y propósito de vida SÁCALO DE TU VIDA inmediatamente!

Hay miles de millones de personas en la tierra con las que salir y rodearte que se esfuerzan por hacer más, más y mejoran sus vidas!! Olvida a la gente estancada, que pierde el tiempo, que pone excusas, que se queja, y gente perezosa que no se esfuerzan por ser ganadores!!!!!!
#Inmediantamente

CAPÍTULO 9

LOS AFICIONADOS COMPITEN, LOS CAMPEONES DOMINAN Y SE DESARROLLAN CONTINUAMENTE

O ya eres un ganador, o todavía no has entendido cómo ganar. Yo no creo en los perdedores, los fallos no existen en mi libro y no creo en gastar demasiada energía para competir.

Uno de mis secretos mejor guardados es el no prestar la atención a lo que hace mi competencia, que piensa: cómo está construyendo su negocio o cual es su manera de vivir. Es una distracción muy grande y no añade ningún valor a tu vida.

La mayoría de la gente en su lugar de trabajo, en el mundo de los negocios, o en la vida en general siempre se comparan con los demás. No lo voy a negar: yo siempre he sido una de estas personas. Siempre iba a mirar cómo jugaba la competencia, que iban a hacer, como les iba, hasta volverme loco. Luego, me he dado cuenta que siempre hay una persona que domina el terreno. Sin importar que fuera un deporte, el mercado inmobiliario, el marketing de redes, o abogados, lo normal es que siempre hay una fuerza dominante dirigiendo la industria o el juego.

No tardé durante mi carrera en darme cuenta de lo que para ganar a lo grande, tenía que pujar fuerte e ir más allá con mi energía y mi esfuerzo, si realmente quería dominar. Cuando me incorporé en mi empresa, tenía 21 años, era ingenuo y muy hambriento de éxito. Ya habían dos o tres chicos en la compañía y les iba bastante bien siendo tan jóvenes. Hoy el día, somos muy amigos; aunque, volviendo atrás (siendo un tonto con 21 anos), les veía como la competencia en lugar de colegas. El día en que dejé de competir, tomé la firme decisión de para de dominar fue el día en el que todo cambió para mi.

Lo que quiero hacer ahora es explicar las medidas que tomé para lanzar mi carrera y hacerla despegar en un momento. Mientras lees los siguientes párrafos quiero que pienses sobre los principios básicos que he usado. Repito, no te estoy hablando de las teorías o imaginaciones, te estoy hablando de las mismas cosas que hice yo para hacer volar mi negocio, y así, ganar mas de $1,000,000.

Cuando era nuevo en la empresa, me convertí en una esponja. Hacía todos los cursos que podía, ecuchaba todos los audios que llegaban a mis manos, y estudiaba video tras video. Observaba a los que ganaban dinero y observaba lo que hacían, porque me di cuenta que si de alguna manera pudiera copiar sus estrategias, podría así ganar a lo grande, tal y exactamente como ellos.

Había dos individuos en particular, a los que realmente tome como modelos. En mi negocio hacemos muchas exposiciones, da igual si es un evento de hotel, la recepción de un negocio privado, o la exposición cara a cara en el Starbucks. Si quieres ganar mucho dinero en los negocios, tienes que ser realmente bueno haciendo las exposiciones, y me refiero a bueno de verdad.

He visto dos principales componentes que creaban y ejecutaban una exposición efectiva: el contenido y la entrega. Una vez de que llegué a entender que si pudiera dominar el arte de contar historias, contando con todo el contenido de la compañía, el CEO, los productos, las oportunidades, y sobre todo, lo que esto les pudiera aportar, sabía que lo podía hacer a lo grande. Busqué al mejor orador de la empresa, suponiendo que si pudiera estudiar al mejor orador, yo podría llegar a ser medio decente. Encontré al mejor orador de la empresa y a otro con la mejor historia y los empecé a estudiar en profundidad como si ese fuera mi trabajo, y al final, valió la pena.

Nadie nace siendo un fantástico orador, presentador o fomentador de visión. Me sorprende lo que tanta gente piensa sobre que la gente nace con determinadas competencias. Es verdad que la gente nace con unos dones dados por Dios, pero lo que tienes que aprender es que el trabajo duro gana a los dones, cualquier día de la semana.

En mi carrera pronto aprendí que se puede aprender o de los errores o de los maestros. Con 21 años, justo empezando ser emprendedor, gracias a Dios, tenía a maestros que me enseñaron lo que era posible y me dieron la sabiduría que necesitaba no solo para sobrevivir, sino para prosperar. Mi consejo para ti es que te vayas inmediatamente a encontrar a alguien que tenga exactamente lo que tú deseas para tu propia vida, escúchale y luego dedícate a la acción total, directa e inmediata.

Alex Morton

Noviembre 28, 2013 · Henderson, NV ·

El Día de Acción de Gracias es tiempo para reflexionar y dar las gracias a los que tuvieron un impacto positivo en tu vida.

El último año ha sido de locos. He tenido el privilegio de viajar a decenas de ciudades, estados, países, conocer a miles de personas, experimentar locuras, y he tenido el honor de impactar en las vidas de otras personas. Quiero decir que estoy AGRADECIDO a todos mis amigos y mi familia que han estado conmigo en las buenas y en las malas. A cada persona que me ha apoyado durante este viaje, en mi negocio, incluso observando desde fuera, os aprecio más de lo que os podéis imaginar.

A todo el mundo allá fuera en el Universo que han contactado conmigo, ya fuera por móvil, por mensaje, correo, Facebook, twitter, Instagram... He leído todos vuestros mensajes y aprecio sinceramente todo el amor y apoyo y os lo AGRADEZCO a cada uno de vosotros. Lo es todo. Para mi equipo y para los que siguen a nuestro jefe de equipo.. Desde los primeros miembros hasta los líderes Embajadores. Estoy honorado, bendecido y AGRADECIDO por poder ser vuestro líder. Tenéis mi palabra, nunca pararé, nunca frenaré, nunca estaré satisfecho y nunca, jamas dejaré de trabajar para AYUDAROS a llegar a donde todos queréis llegar, descansad hoy porque mañana se empieza temprano a las 4 y cuarto, y estoy yendo a por todo con una acción enorme liderando la convención en Vegas.

Os quiero chicos, daría mi vida por todos vosotros.
La vida es corta. Trata bien a la gente. Trabaja duro. Persigue tus sueños y sobre todo se humilde, ten hambre, se AGRADECIDO.
Feliz Día de Acción de Gracias 2013. Os quiero todos.

CAPÍTULO 10

EL SECRETO MÁS RARO DEL MUNDO

Pasé de estar sin blanca a dar charlas en escenarios por todo el mundo, ganando miles de dólares a la semana en un abrir y cerrar de ojos, y quería saber qué diablos pasó. Llegado a este punto, te he contado historias sobre gente cercana a mí que superó grandes barreras, fue a por ello, y siguió mi sistema del éxito. Te he dado filosofías, en lo que centrarte, lo como establecer tus metas, como desarrollar esta mentalidad ganadora, y como ir dominando tu espacio.

En este capitulo, voy a profundizar sobre precisamente en esas cosas que literalmente cambiaron mi vida entera. Quiero avisarte de que algunas cosas pueden parecer un poco extrañas, locas, e incluso hasta absurdas. Sentí lo mismo cuando descubrí todo este material por primera vez y empecé a darme cuenta de que toda la gente exitosa sigue las mismas reglas y juega al mismo juego.

Mi curiosidad por encontrar "el secreto" finalmente se convirtió en una obsesión total. Cada vez que entraba al coche escuchaba grabaciones sobre desarrollo personal. Comencé a aprender de vídeos cada mañana y cada noche. En cualquier momento siempre tenía un libro en mis manos, iba a por todas.

Durante toda mi vida me han dicho que tienes que ser muy listo para ganar mucho dinero. Pronto descubrí que no es cierto, porque sé que no soy tan listo, y estoy ganando mucho dinero. He tenido ese hambre de entender lo que me pasó. Sabía que si podía entenderlo, podría ayudar muchísimo a los demás en dejar de librar batallas y empezar a ganar en sus vidas.

Estaba en YouTube un día, ojeando videos de desarrollo personal y encontré uno de Earl Nightingale, titulado: "El Secreto más Raro del Mundo". En la descripción del video se leía:

Este fenomenal mensaje fue primero reproducido por un grupo de ventas de la agencia de seguros de Earl Nightingale. Estaban totalmente emocionados. Las palabras de este se extendieron como el fuego y todos los que lo habían escuchado fueron movidos positivamente a la acción. Las solicitudes de la grabación del mensaje comenzaron a llegar en abundancia — miles de pedidos a la semana. En nada de tiempo, más de 200,000 personas nos habían llamado, escrito o habían entrado a la oficina para pedir una copia. Tras el paso de los años, este número se disparó por encima del 1,000,000 de personas. Para el 1956, Earl Nightingale había subido a las alturas del éxito como locutor de la emisora de radio: la voz de Sky King; y anfitrión de su propio programa de radio y televisión. Ampliando sus horizontes, compró una pequeña correduría de seguros de vida, asegurando su éxito tras dar las charlas alentadoras, inspiradoras y motivadoras dirigidas hacia su equipo comercial. Luego, debido a que iba a estar fuera, Earl escribió y grabó en un disco un ensayo el cual podía era reproducido durante su ausencia. Lo llamó EL SECRETO MÁS RARO DEL MUNDO. La repuesta al mensaje tuvo tal impacto sobre el equipo que estos pidieron copias para compartirlas con amigos y familiares. Columbia Records cubrió la demanda y en muy poco tiempo, las ventas subieron por encima del millón de copias, ganando el Disco de Oro, ¡el primer y el único disco de palabra hablada que llegó a ser de Oro! Hoy, mas que 40 años más tarde, El Secreto más Raro del Mundo aún sigue siendo una de las más poderosos e influyentes mensajes grabados. Sigue transformando la vida de cada persona que lo oye y lo escucha. Receta médica para el éxito: escucharlo y leerlo dos veces al mes durante los próximos 10 años, y luego tan solo una vez al mes, hasta siempre.

Probablemente podrás adivinar lo que pasó luego: empecé a reproducirlo una, y otra, y otra vez, en un bucle infinito. Escuche la grabación más de 100 veces durante el 2013, porque eso me hacía pensar diferente y me preparaba para lo que iba a causar mi subida hacia el éxito.

Voy a descomponer este audio en secciones y explicar las ideas de Nightingale con mis palabras, porque creo que así te ayudo a encontrarle más sentido. Las primeras muchas veces que escuché a esa maldita cosa, no tenía ni idea de lo que estaba hablando.

Como lo he escuchado incontables veces, soy capaz de darte una explicación que podrás aplicar directamente:

El audio empieza con esa loca estadística: de las 100 personas de 25 años que comienzan a trabajar para alcanzar sus objetivos y sueños, cada uno de ellos confía de todo corazón en uno mismo, a la edad de 65, solo cinco de ellos logró hacer lo que planifico. Mira alrededor tuyo. Mira a tus pares, a tus colegas, tus compañeros, a tu familia... ¿Realmente han alcanzado, en su mayoría, vivir la vida que soñaron mientras crecían? ¿Cayeron víctimas de ladrones de sueños o acabaron consumidos por el sistema?

Imagínate a ti mismo en tu lecho de muerte. A tu alrededor permanecen todos tus sueños, objetivos y aspiraciones. Te miran a tus grandes y audaces ojos diciéndote: "Hemos venido a ti para convertirnos en tus realidades aquí, en la Tierra. Nunca has ido detrás de nosotros, nunca nos has perseguido, ¡y ahora vamos a morir contigo para siempre!"

Nightingale dijo que hay tantas personas que han tenido y tienen grandes y estupendas intenciones para hacer cosas maravillosas y lograr muchas aquí, en la Tierra, pero, cuando aparece el empujón, la mayoría nunca conseguirán hacer lo que intentaron hacer.

Tienes que aprender en este mismo segundo que vivimos en el momento mas bendecido de toda la existencia humana. Vivimos en la era en la que la humanidad ha trabajado hacia sus sueños, y ha sacrificado muchas cosas para lograrlo. Con los ilimitados depósitos, recursos y ilimitados ríos de conocimiento que existen hoy en día, somos capaces, más que nunca de lograr todo lo que nos proponemos a hacer.

Nightingale dijo que después de 65 años de vida, solo el 54 por ciento del personas ricas están en bancarrota, el 5 por ciento van a seguir trabajando, el 4 por ciento serán independientes económicamente y el 36 por ciento estarán muertas. Probablemente estarás preguntándote como yo me lo preguntaba a mí hace un par de años: ¿Cómo diablos voy a estar dentro del aquel 1 por ciento? En todo el libro te he ofrecido la guía para convertirte en el mismísimo 1 por ciento, y en las siguientes páginas, vas a aprender aún más para asegurarte que te vas a convertir ese 1 por ciento.

Nightingale define el exito como "la realización progresiva de un ideal digno". Continúa diciendo que el éxito puede llegar de muchas formas, no solo de forma financiera. Muchas veces pensando en la palabra "éxito", inmediatamente pensamos en dinero, coches, ropa, casas, y otras posesiones materialistas. El éxito no es materialista, anima a ello, pero es "la realización progresiva de un ideal digno". El éxito es el ser profesora de primer grado que enseña a niños, porque es lo que ella quería hacer, una madre que cría a sus niños, el hombre que se convirtió en emprendedor y creo su propia empresa, ser un universitario que persigue su pasión de ser cardiocirujano.

Luego, habla sobre los objetivos. La gente que tiene éxito, dice que lo tiene porque sabe exactamente a donde va. Es así de simple. La gente que no logra lo que quería lograr y sigue fracasando cree que su vida esta formada por fuerzas exteriores y circunstancias fuera que están fuera de su control, cuando, en realidad, nuestras vidas están formadas por los objetivos y los conocimientos de las leyes del exito.

Nightingale ilustra su opinión a través de una metáfora sobre dos barcos diferentes. El primer barco tiene su tripulación, el capitán y el plan trazado para llegar adonde va. Llegará a su destino 99/100 veces. El segundo barco no tiene ni tripulación, ni mapa, y lo mas seguro es que no llegue a ningún sitio.

> *Es de lo que trata el "empezar con el fin en mente".*

Para llegar a tu destino, primero tienes que saber a dónde vas. Nightingale continúa diciendo que lo mismo ocurre con los seres humanos, con la excepción de que aquí esta amañado y no para evitar que el fuerte gane, sino para evitar que el débil pierda.

Ves, el Universo en realidad quiere que vivamos nuestros sueños y completemos nuestros objetivos. Estoy por decirte cual es realmente "El Secreto más Raro del Mundo". Podrías quedar sorprendido, sobresaltado e incluso hasta escéptico. Te aseguro que para el final de esta sección, sabrás exactamente cual es el secreto, como aprovecharte de ello y cómo utilizarlo para sacar tu propio beneficio de inmediato.

NOS CONVERTIMOS EN LO QUE PENSAMOS (¡ESE ES!)

Earl Nightingale dice: "Este es el Secreto Más Raro del mundo"! Ahora mismo, lo que digo es raro, ¿y por qué lo llamo secreto? Pues en realidad, no es ningún secreto". Se cuenta que el "secreto" fue utilizado por los sabios más antiguos, y este aparece una y otra vez a lo largo de la Biblia. Muy pocas personas, dice, lo aprendieron o entendieron, y por esta misma razón, es extraño y permanece siendo un secreto.

La mente es una cosa muy poderosa y capaz de todo. ¿Has escuchado alguna vez que "Si lo puedes creer, lo puedes lograr"? Bueno, pues es eso exactamente. Si tienes pensamientos negativos, vas a obtener resultados negativos. Si tienes pensamientos positivos, vas a obtener resultados positivos. Piensa en tu mente como en un campo abierto donde hay plantas cultivadas a las que riegas y haces crecer. La mente funciona exactamente de la misma forma. Puedes plantar pensamientos positivos —ayudar a la gente, excelente salud, riqueza y prosperidad; o pensamientos negativos —pérdida, mala salud, escasez. A la mente no le importa que es lo que plantas. Cualquier cosa que cultives, cualquier cosa que coseches, finalmente crecerá, sin importar si esta es buena o mala.

Nightingale dijo: "Nos convertimos en lo que pensamos". Si piensas en una meta, la vas a lograr; mientras que si no tienes una meta y no sabes exactamente a adonde vas, obviamente vas a tener pensamientos de confusión, ansiedad, miedo y preocupación, creando una vida llena de estas cosas. Si uno piensa en nada, dice, uno se convertirá en nada.

Nightingale dijo: "En el momento que decides el objetivo a alcanzar, inmediatamente te conviertes en una persona con éxito —Luego ahí estás dentro de ese grupo excepcional de personas que saben a dónde van". Una vez llegues a ser una de estas personas, estarás dentro de lo alto de este cinco por ciento de personas. Su poderoso cierre lo llevo pegado a mí a día de hoy: "No tienes nada que perder —pero tienes toda tu vida para ganar".

PLAN DE ACCIÓN

Lo que me gustaría que hicieras ahora es averiguar exactamente que es lo que quieres y que lo quemes en tu mente. Probablemente es la decisión más importante del resto de tu vida. La mitad de la batalla consiste en tomar una decisión firme de lo que quieres.

Haz una carta de objetivos, escribe ahí tus metas y léela una y otra vez cada día, hasta que se queme en tu mente para la eternidad.

Publicación de Facebook de Alex Morton

15 de noviembre de 2013 · Lubbock, TX·

"Tío, no entiendo por qué estas trabajando todo el rato, viajando por todo el mundo, sacrificando tu tiempo lejos de tu familia... Si yo hubiera sido un tío de 24 años, que ganara 1,000,000 de dólares al año, estaría en la playa contando dinero".

Mi respuesta- "No entiendes lo que realmente queremos conseguir aquí.. Va sobre el cambio de mentalidad de toda la generación, desde empleados hasta emprendedores. Queremos ser bien recordados, dejar nuestro legado, cambiar miles de vidas y ni siquiera hemos empezado. En cuando gane 500,000 de dólares al mes seguiré viajando por todo el mundo y ayudando a la gente.. El dinero es solo el resultado de la cantidad de personas a las que hemos ayudado". #YPR

Publicación de Facebook de Alex Morton

12 de noviembre de 2013 · Orlando, FL·

Me niego a leer el periódico, las revistas o ver la tele. Todo lo que veo / escucho es a gente renegando, lamentando, quejándose sobre Obama, el gobierno, el mercado del trabajo, deudas, economía, vidas de otras personas... HAZ ALGO CON ESO Y CAMBIA TU maldita SITUACION.

Eres un ser humano, si no te gusta algo de tu situación, cámbialo. Es así de simple. No hay un secreto para llegar al éxito. No tienes que ser tan listo, eso es pura basura, todo eso exige solo un poco de sangre, sudor, sacrificio, ética laboral, y lagrimas. PUNTO.

Toma una decisión valiente, sal hoy y HAZLO REALIDAD. #TODOSDENELLO

CAPÍTULO 11

DOMINAR LAS REDES SOCIALES

Aún puedo oír el sonido de la señal que hacía el ordenador de nuestra casa, cuando mi familia se puso por primera vez Internet, concretamente AOL. Recuerdo perfectamente estar escribiendo impacientemente mientras tardaba diez minutos en conectarse a Internet,

Mi espera era acompañada de sonidos chisporroteantes y de otros irritantes sonidos.

Nuestra generación, Gen Y, es la primera generación que ha crecido, literalmente, online. Desde Netscape Navigator hasta Internet Explorer, MySpace, Facebook, Twitter e Instagram, hemos visto cómo internet ha cambiado enormemente nuestras vidas.

Si te paras a pensar un segundo en todo esto, ¡es escalofriante! ¿Te acuerdas de seleccionar a tus mejores 8 amigos en MySpace y cambiar tu foto de perfil unas cien veces, porque tú sólo tenías una foto?

Cuanto más me sumerjo y aprendo de los medios sociales, más me doy cuenta de lo poderosa que es esta herramienta en nuestras vidas o negocios. Los medios sociales nos permiten crear perfiles adaptados a nosotros mismos. Nos permiten contarle al mundo nuestra historia, compartir con la gente con la que mejor nos llevamos, en lo que estamos trabajando y lo que está pasando en nuestra vida social. Básicamente, nos permite etiquetarnos a nosotros mismos de la manera que queramos.

Las redes sociales son la manera más rápida y eficiente de conectar online. Mi negocio —como muchos otros se basa en conectar con las personas. Pocas veces la gente compra nada si no es porque les interesas. Las redes sociales te permiten construir una marca, ganar audiencia y a veces, desarrollar una lista de clientes que te quieran tanto que se sientan obligados a comprarte algo. Voy a compartir contigo los secretos que me han permitido construir una "lista" de unas 100,000 personas reales, las cuales todas eligieron mis redes sociales, seguirme y tomar mis consejos para ser guiados buscando liderazgo.

Los principios y pautas que estoy a punto de compartir son muy básicos, la red social está siempre cambiando, creciendo y evolucionando, por lo que por ello, quiero mantenerlo corto, dulce y simple, y darte los pasos que guiarán tu juego en la red social a un nivel completamente diferente.

Principio #1- CONVERTIRSE EN UNA MARCA

Cuando comencé mi negocio hace cuatro años, inmediatamente empecé a utilizar las redes sociales para mi beneficio. Como propietario de un negocio de red social de marketing, sabía que si podía construir una marca fuerte online, atraería a individuos con una mentalidad parecida que quisieran unirse al negocio.

Todo empezó cuando comencé a compartir estados reales y honestos sobre mis opiniones en ciertos temas como la educación, negocios y problemas sociales. Siempre he sido una persona franca, pero una vez dentro de las redes sociales, me volví loco con este tema, y con el tiempo, lo hizo mi negocio. Tu red social es un destello de quién realmente eres, tanto profesional como personalmente, por lo que es importante ser honesto con el mundo, y mostrarle a la gente lo que representas y quién eres realmente. Tu credibilidad es todo lo que te queda al final del día.

Cuando desarrollas tu marca, piensa sobre el mensaje que quieres mandar al universo y cómo quieres que sea representado. Cuando construyes una marca, quieres centrarte en construir una comunidad de gente para que se vuelvan tus seguidores, y a los cuales les gusta, confían en ti y te respetan.

Quieres desarrollar una comunidad de gente que está realmente interesada en el contenido que les estas proporcionando. En resumidas cuentas, cuando estés construyendo tu marca, es de vital importancia ser tan original como se pueda e ir con la intención de crear algo de lo que puedas estar orgulloso y que cree un impacto positivo en otras personas.

Estoy dentro de la industria de las redes de marketing. La mayoría del contenido de lo que escribo y de los videos que creo, están centrados sobre ventas directas, crecimiento personal y redes de marketing.

PLAN DE ACCIÓN

Escribe el nombre de la empresa a la que perteneces en una hoja de papel y rodéalo. Partiendo de aquí, piensa en adjetivos que describan tu industria, tanto positivos como negativos. Piensa en los estigmas o estereotipos que da la imagen de tu industria. Sé creativo aquí —pela la cebolla por completo y consigue el núcleo que muestra de qué va tu empresa.

Ahora, piensa en los conceptos en los que poseas cualidades, en qué tipo de estrategias eres bueno, y anótalos. Algo tan simple como "el video de la semana" o "la recomendación del día" puede ayudar a que la gente vea quién eres y sobre qué hablas; tu marca se empezará a formar.

Me di cuenta de que era muy bueno inspirando a la gente para que pasaran a la acción en sus vidas. Podía encender la cámara de mi iPhone y enviar un mensaje tan poderoso que algunas personas en la otra punta del mundo, que ni siquiera hablaban inglés, podían sentir lo que yo estaba diciendo.

Si tuviera que resumir en una palabra la manera en la que la marca de Alex Morton fue construida, utilizaría "CONSISTENCIA". Algunas personas en mi industria escribirán algunos posts buenos por semana o creará un vídeo cada pocas semanas. Por otro lado, yo escribo todo lo que hago, creo videos motivadores a diario, subo fotos de todos mis viajes, y uso mis posts para crear publicidad y mostrar al mundo mi ética del trabajo.

Personalmente, me siento atraído por aquellos individuos que tienen unas éticas del trabajo descabelladas. La mayor parte de mi negocio consiste en reclutar a otras personas que piensan parecido y que quieren cambiar su situación financiera, por lo que hace algunos años, me di cuenta de que yo era consistente con mi marca, puse el suficiente contenido fuera y conseguí que algunos extraños se sintieran como si me conocieran desde hace años, pude atraer muchos compañeros de negocios extraordinarios y llevar mi negocio al siguiente nivel.

Como resultado, atraje a algunos de mis mejores compañeros por medio de todas las variedades de medios sociales posibles: Youtube, SnapChat, Instagram etc. Lo mejor de todo fue lo siguiente: ellos contactaron conmigo, y no al revés.

> *Tu marca es tuya, y tú eres tu marca. Sé creativo, sé selectivo, sé consistente, sé implacable.*

Principio #2- EL VALOR DEL ESFUERZO

Ahora que sabes que puedes construir una marca en las redes sociales, es importante para ti que sepas exactamente qué tipo de contenido estas presentando a tu comunidad. A la hora de impulsar contenido valioso, debes comprometerte a ser verdaderamente coherente. Deber verte a ti mismo como un enorme cartel que se extiende por todos los rincones de la tierra, porque, de hecho, eso es lo que estás haciendo.

Cada cosa que publicas en línea anuncia al mundo quién eres y en qué crees como persona. También es una oportunidad para mostrar tu sabiduría, conocimiento y experiencia en ciertos temas o en un campo o industria específica.

Entiende que se puede llegar a 60 personas diferentes, en 60 países diferentes, en 60 segundos, a través de tu ordenador. Cuando pones un tweet, publicas un estado o subes un video a YouTube, inmediatamente compartes ese contenido con el mundo. Esto es poderoso y, cuando se puede aprovechar este poder, estás influyendo en miles de personas, ganando muchos seguidores, directa e indirectamente reclutar a personas en tu negocio, eventualmente convertir el número de seguidores en una corriente de ingresos y, lo más importante, tener el poder y privilegio para impactar en la vida de las personas a mejor. No sólo eso, es una cantidad loca de diversión.

Al publicar en las redes sociales, tu objetivo final es agregar valor a la vida de las personas, ayudarles a alcanzar sus metas y sueños deseados, enseñarles lo que sabes, para que puedan implementar tus conocimientos en su negocio. Antes de escribir este capítulo, filmé un video de cinco minutos en la cima de un tejado en la hermosa isla de Puerto Rico. El vídeo era sobre mi viaje como emprendedor, los altibajos, y las pruebas y tribulaciones. Envié al usuario en una montaña rusa emocional durante cinco minutos y realmente hablé a sus corazones. Ten en cuenta que cuando "incitas valores" a tus seguidores y en los medios sociales, es importante conectar con la gente en un nivel emocional, no sólo a nivel intelectual. A la gente le gusta impresionarse, emocionarse, excitarse, despertarse y entusiasmarse. Tu contenido orientado al valor tiene que ser poderoso y dar a la gente una razón para estar siempre volviendo a por más.

Esfuérzate por un propósito

No pongas solo imágenes de la comida que estás comiendo y del modelito de ropa del día.

Antes de publicar en cualquier medio de comunicación social pregúntate: ¿Cómo va a ser percibido por el usuario? ¿Qué mensaje estoy tratando de transmitir? ¿Cuál quiero que sea el final resultante o lo más que se pueden llevar?

Cada vez que hago un post o grabo un video, empiezo pensando en el final del mismo. Sé exactamente cuáles van a ser los principales puntos, se exactamente las emociones que quiero evocar en todas y cada una de las personas que está viendo el video, y siempre acabo el video con una llamada de atención. Al contrario que mucha gente, los cuales usan los medios sociales para construir sus negocios, yo no planeo mis posts de antemano. En vez de eso, las ideas, conceptos, mensajes vienen a mí, y me siento inspirado en compartirlo con el mundo. Rara vez ensayo, y la razón por la que mi contenido es tan convincente es porque es real.

Te sugiero que te sientes hoy y empieces a escribir algunos posts. Escribe sobre lo que te motiva, lo que te inspira, habla de tu viaje como emprendedor y céntrate en algunos pasos simples que pueden ayudar al usuario a tener un resultado / experiencia positiva en su negocio. Añadir valor a otros en línea es muy fácil una vez que entiendas que a la gente le encanta aprender y entretenerse, y darse cuenta de que esas personas quieren lo que tienes. El mundo en línea es una plataforma increíble para ayudar a la gente a llegar a donde quiere ir. Publica con un propósito, y publica con la intención de cambiar la vida de las personas. Si eres verdaderamente genuino, lo harás genial, y la gente siempre volverá por más.

Principio #3- RESPETAR A TODOS

El mundo en línea y redes sociales sin duda puede parecer a veces como el salvaje oeste. Las personas tienen fuertes opiniones sobre todo tipo de temas, y, como profesionales, hay que respetar los puntos de vista de todos. Si alguien publica algo que no te gusta, es importante no participar en conversaciones de impostores o iniciar guerras en línea. Solamente los aficionados envueltos en discusiones y peleas comienzan en el mundo cibernético. Los profesionales lo mantienen elegante. La crítica constructiva y expresando su opinión es una cosa, pero ser abrasivo y vulgar es otra.

Cuando digo "respetar a todos", estoy hablando de las opiniones de todos sobre todos los temas. Todos provenimos de diferentes orígenes, y todos hemos crecido en un conjunto diferente de valores y morales, por lo que sólo tiene sentido el que tengamos diferentes opiniones sobre diferentes temas.

La mejor manera de ganar un argumento es no tener uno en el primer lugar. Se respetuoso con cualquier persona que comenta sobre tu material o expresa sus opiniones sobre él. Responde las preguntas de la gente educadamente y siempre pide que salgan de tu página de buen humor.

En mi carrera, ha habido tantas situaciones en las que realmente quería atacar a un individuo, demostrar que estaba equivocado, y comenzar un argumento feroz. Elegí ser el "hombre más grande"; y simplemente estar de acuerdo en no estar de acuerdo. Quieres ser conocido en el mundo en línea para expresar tus pensamientos y opiniones, pero también quieres ser conocido por ser respetuoso con todos en la comunidad en línea. Si puedes comprometerse con esto, te ayudará a construir una marca aún más potente, y serás respetado en todo el mundo en línea. Los pasos para dominar los medios sociales son como los pasos para el éxito. Son fáciles de hacer y también fácil de no hacer. Depende de ti para tomar las decisiones correctas al construir tu marca, incitar valores, y respetar a todos los miembros del mundo en línea. Vivimos en un mundo tan conectado que los medios de comunicación social se han convertido en el patio de recreo más grande que la humanidad haya visto.

Tenemos el poder de cambiar la vida de las personas a través de contenidos valiosos. En mi carrera, he tocado cientos de miles de vidas a causa de mis fotos, publicaciones y videos. Tienes el mismo poder y la misma responsabilidad.

> *Te deseo que te conviertas en un maestro de los medios de comunicación social, que construyas una marca enorme, que crees y empujes hacia fuera contenido extremadamente valioso, que desees ayudar a la gente a cambiar sus vidas, y* ¡que consigas un gran negocio en el mundo online!

Publicación de Facebook de Alex Morton

23 de septiembre de 2013 · Winchester, Nevada ·

¡¡De vuelta @ ello nena!! ¡¡Un tour de 30 días, 2 países, 8 estados, 50 ciudades!! ¡¡Momento para cambiar algunas vidas y ayudar a todo mi equipo a llegar al siguiente nivel!! ¡¡¡¡¡¡¡Aterrizo a las 5:30 y tenemos 3 eventos en casa preparados para esta noche!!!!!!!

#AZBound #CanIGetaRACKKEMMMM

Publicación de Facebook de Alex Morton

25 de septiembre de 2013 ·

Odio las palabras (línea descendente ascendente cruzada).. en referencia a tu equipo como tu familia. Eso es lo que son.. Y eso es lo que siempre serán.#YPR

CAPÍTULO 12

ES TU MOMENTO

¿Sabes que estás nervioso cuando tu corazón está acelerado, tienes la carne de gallina desde arriba hasta abajo de tu cuerpo y tu frente no para de sudar? Todos eso indica que estás exactamente al filo del éxito. Si los tienes ahora mismo, estás preparado para salir fuera y ganar tu primer millón.

A través de este libro te he dado las leyes del éxito y las formas de convertirte a ti mismo en un campeón. Has aprendido como cultivar una mente a prueba de balas y un carisma imparable.

Probablemente estés emocionado, dentro de un subidón emocional, y también preguntándote qué es lo siguiente que vas a hacer. Ahora estás apasionado por tu futuro, tienes más hambre que nunca por conseguir el éxito, y listo para hacer lo que sea necesario.

Ahora, te daré un plan de acción, para llevar todas las piezas juntas. Tu cohete para lanzar tu vida al siguiente nivel está ahora en el lanzador, con el depósito lleno, y listo para despegar.

¡Lancémos ya esta cosa!

LA FÓRMULA DEFINITIVA DEL ÉXITO

1. Debes Conocer Tu Resultado.

Debes de conocer tu resultado deseado antes de incluso comenzar. Tómate unos pocos minutos, entre en el ritmo de una profunda respiración, y obsérvate a ti mismo consiguiendo todo lo que siempre has querido. ¿Qué se siente?

Imagina que estás observándote a ti mismo con cinco años menos. ¿Eres feliz con esa persona observándote a tus espaldas? Visualiza tu vida diaria. ¿Qué estás haciendo básicamente?

¿Quiénes son las personas con las que te rodeas? ¿Qué aspecto tiene tu cuenta corriente? ¿Tu casa? ¿Tu coche? ¿Tu ropa? ¿Qué clase de estilo de vida llevas?

Habiendo sido un emprendedor por más de cinco años ahora mismo, me he dado cuenta de que todo el mundo tiene una vida, pero muy pocos tienen un estilo de vida. Tómate un momento para sentir lo que se siente en tu sueño —tu mundo de fantasía el cual quieres realmente crear.

Pruébalo, tócalo, huélelo, estáte dentro de él. Es muy importante que antes de que lances tu nueva vida y obtengas alucinantes niveles de éxito conozcas tu resultado.

2. Conoce Las Razones Del Por Qué.

¿Por qué haces lo que haces? ¿Cuál es la fuerza que te lleva? ¿Por qué es tu éxito una absoluta necesidad que conseguirás, sin importar qué obstáculo, reto, contratiempo, o desviación que se ponga en tu camino? ¿Qué te mantendrá luchando, vagando, y corriendo tu camino a través de cualquier contratiempo? ¿Por qué debes de ser una fuerza imparable? Da igual la forma de cómo de grandes son tus nuevas metas, la fuerza de voluntad únicamente te llevará muy lejos.

Necesitas el poder del "POR QUÉ".

3. Elige Grandes Acciones.

Debes establecer inmediatamente metas tipo-C, desarrollar una estrategia, y ponerte a trabajar.

¿Cuanto tiempo necesitarás para ir al trabajo, sacrificar muchas cosas en tu vida, dejar de dormir, y trabajar hasta el desfallecimiento? Necesitarás tomar grandes acciones hasta que lo consigas.

¿Hasta conseguir qué, preguntas? HASTA que el trabajo haya terminado y hayas aplastado todas las metas que estableciste.

Es vital que entiendas que ninguna de las grandes consecuencias han sido adquiridas sin grandes y continuas acciones. Si echas un vistazo a muchas de las estrellas de las películas, músicos, y atletas, casi todos ellos atribuyen el 90 por ciento de sus éxitos a toda gran e inmediata acción.

Lo que he descubierto a través del estudio intenso y observación de los más altos ganadores en el mundo y también llegando a ser millonario a los 25 es que algo y todo lo que estaba pendiente ha llegado desde el brutal y duro trabajo y gran acción. Planifica tu trabajo, y luego pon en marcha tu trabajo. Haz lo que sea necesario HASTA que el trabajo esté hecho.

4. Conocer Lo Que Ganas.

Conoces tus ingresos deseados, conoces por qué estás a punto de ir a por todas, y ahora tienes en conocimiento que tus metas y sueños van a requerir grandes acciones. Ahora es el momento de saber lo que ganas.

No te estoy diciendo que seas avaricioso; te digo que es imperativo el que trabajes en dirección a algo. Ese "algo" puede ser un coche sofisticado, una gran casa, unas vacaciones de ensueño, ayudar a tu madre a jubilarse, o dejar tu trabajo. Debes saber lo que ganas.

Te sugiero el crear una tabla de sueños. Entra en Internet y diseña tu futuro con imágenes vivientes. Toma aquellas imágenes, haz un collage, y ponlo en algún sitio donde lo veas constantemente y con frecuencia. Estás a punto de embarcarte en una alucinante, difícil, y agotador viaje. Necesitas sabes lo que te espera en la línea de meta, lo que estás recibiendo for todo tu duro trabajo, y como va a ser tu vida cuando lo hagas. Sabes lo que ganas, así que pon tu culo a trabajar para hacerlo posible.

5. 5 Acepta El Hecho De Que Mereces El Éxito.

Este último y final paso puede llegar a parecer un poco extraño, pero lo que he descubierto con muchas personas es que están limitando sus creencias —por alguna razón, no creen que ni siquiera merecen el éxito. Algunas personas crecen en familias las cuales les han enseñado a jugar limpio y permanecer en la fila —Una familia que cree en que tener éxito era para otro tipo de personas. A algunas personas les dijeron toda su vida que no son lo suficientemente buenas, inteligentes, atractivas, o preparadas para alcanzar el éxito.

Debido a esto nunca van a la acción. Lo que se resuelve en una insatisfecha e infeliz vida. No me importa de donde vienes, el color de tu piel, qué tipo de educación tuviste —¡No importa! Eres la mayor forma de la creación, cualificado y capaz de completar cualquier cosa que quieras. Tu pasado no determina tu futuro. ¡MERECES EL ÉXITO!

MOMENTO PARA HACERLO POSIBLE

Es ahora el momento para ir a por ello. Es el momento para ir y hacerlo posible. Es el momento para estar emocionado por tu vida y estar listo para el rock and roll. Es el momento de cambiar en la dirección de tu más salvajes sueños y metas y perseguirlos con una implacable ambición.

He puesto mi corazón, mi alma, mis secretos, mis principios, y mi actitud por el éxito dentro de ti. Independientemente de en qué industria estés, el trabajo que tengas, o tu situación actual, puedes aplicar inmediatamente todas las cosas de este libro y comenzar a ver y experimentar un gran cambio en tu vida y en tus resultados. Si piensas en grande, llegarás a ser grande. PIENSA EN GRANTE, SUEÑA EN GRANDE, CREE EN GRANDE, Y CONSIGUE A LO GRANDE.

¡Hazlo ahora! ¡AHORA MISMO!

Le las palabras de abajo con intensidad, tenacidad, ferocidad, y convicción. Léelo un mínimo de tres veces, y en cada sucesiva lectura, pon significativamente más emoción e intensidad:

SOY UN CAMPEÓN. LIDERARÉ, NO SEGUIRÉ. CREERÉ, NO DUDARÉ. CREARÉ, NO DESTRUIRÉ.

SOY UNA FUERZA DEMANDANTE DE ÉXITO. SOY UN CAMPEÓN.

DESAFÍO A LAS PROBABILIDADES. TRABAJARÉ HASTA QUE ALCANCE MI SUEÑO. SOY UN CAMPEÓN.

Eres la mayor forma de la creación de Dios. Estás destinado a ello y mereces grandeza, éxito, y abundancia. Cree en ti mismo, y haz que ocurra. ¡CREO EN TI! AHORA, VE A ATACAR AL MUNCO, CAMBIA LAS VIDAS DE LA GENTE, Y TRANSFORMA TUS SUEÑOS EN REALIDAD.

EPÍLOGO

EL ÉXITO DEJA PISTAS (TAL Y COMO SON) DESDE EL VIAJE HASTA AHORA

Publicación de Facebook de Alex Morton
09 de diciembre de 2012 • Tempe, AZ

Muéstrame cualquier gran victoria, muéstrame a cualquiera que haya alcanzado la grandeza y te mostraré quien se obsesionó, se convirtió en un fanático para lograr lo que deseaba. La mayoría de las personas abandonan, o sienten demasiado miedo para salirse del camino, para ir contracorriente, para ser diferente. Es por ello que muchas personas no logran lo que quieren y se ven obligadas a vivir de las sobras de la gente con éxito.

Sé irracional, sé peligroso, toma riesgos calculados. Si no nos obsesionamos, ¿realmente crees que habríamos surcado el cielo, explorando el espacio o nos habríamos convertido en una nación tan poderosa? Crees que los equipos de un campeonato compiten sólo "a medias o "solo ensayando para ganar", la mayoría de la gente solo prueba el agua pero ya es hora de saltar a la maldita piscina.

La gente con éxito ve más allá del problema, ve los pequeños contratiempos, la adversidad. LLEGA HASTA EL FINAL. Vamos a ser honestos, la vida se basa en resultados. No aceptes excusas, nada establecido está permitido cuando vas a por todas. Vive el ahora, olvida el pasado y no te centres en el futuro. Toma acciones inmediatamente para diseñar la vida que quieres vivir. Crear su propia realidad.

¿Quieres un avión privado, un apartamento frente a la playa para que se puedan jubilar tus padres? Tienes que hacer lo que sea necesario para conseguirlo.

DEJA de planificar y EMPIEZA a hacer. Deja de pensar, organizar, planear... y empieza a hacer! COMPROMÉTETE primero y calcula todo lo demás después.

Mira en la escuela, los padres y familia, los medios de comunicación y la sociedad te menosprecian por ser diferentes. Todos debemos de sacar sobresalientes, todos tenemos que hacer un resumen, todos tenemos que conseguir una beca, conseguir un trabajo. Recuerdo crecer y oír a los padres de mis amigos decir: "bueno chicos basta con mantener la cabeza abajo, barbilla alta, ahorrar dinero, vivir sin llamar la atención, trabajar duro y hacer lo que se te dice, en algún momento tu jefe te tirará un hueso o te dará un aumento". No en mi maldita casa. Tienes que estar bromeando. Los profesores me decían, bueno Alex los millonarios son "genios" la gente común y corriente como nosotros no podemos hacer las cosas que ellos hacen. Necesitamos que completes esta prueba, ve a ver al orientador para que podamos ver en qué carrera puedes entrar y trabajar para alguien. Eso NO es cierto. ERES un ser humano y puedes hacer, lograr o convertirte en lo que quieras. La mejor manera de romper tradiciones es pensando y diseñando tu futuro. La gente con éxito le importa un bledo "cómo lo hacen todos, la clase media, o la gente que ha abandonado lo que de verdad quiere en la vida". Se centran en cómo mejorar la situación actual y cómo hacer sus sueños realidad. Diablos, si no persigues lo que deseas... Pasarás el resto de su vida trabajando para alguien que lo hizo.

Esto es sobre la vida y olvidar toda la energía negativa, pensamientos insignificantes, no soñar, ser mediocre, conseguir un trabajo y CENTRARNOS en tu misión, desarrollando un alto nivel de motivación, obsesionándote con lo que quieres, convirtiéndote en una persona centrada con tu objetivo y sacando lo mejor de los demás. Ayuda a otros a alcanzar altos niveles de éxito. Nada sienta mejor que ayudar a los demás.

De todos modos... el dinero no lo es todo. El éxito no es el dinero de tu cuenta bancaria sino cuántas vidas puedes cambiar positivamente, cuántos niños puedes motivar para hacerlos mejores o cuántas familias puedes ayudar... y cuántas personas realmente irán a tu funeral. Todo el mundo merece vivir la vida que quiera. Sal ahí afuera y haz que suceda y literalmente silencia, vaporiza y olvida la existencia insignificante de pensar en pequeñas cosas, ir a por lo seguro, pensar en negativo, ser ignorante, o soñar en robar a alguien.

Conviértete en alguien con éxito, se tan grande que no tengan otra opción... más que la de apoyarte. Feliz Domingo. #YPR

Al crecer te enseñan a colorear entre líneas, a seguir el sistema, a escribir tus notas de acuerdo a una rúbrica, los maestros y los padres miden la inteligencia por la puntuación de un examen, una prueba estandarizada, calificaciones en un papel.

A los 17 años estaba sentado en el despacho del orientador donde me pidieron que "eligiera una carrera", me dijeron que si no mejoraba mi puntuación en los exámenes SAT[1] de 1490/2400 no entraría en una buena universidad, ni encontraría un buen trabajo, no ganaría buen dinero, lo que equivale a tener una vida mediocre... Eso me dijeron.

Crecer pensando en que ser diferente es malo, te hace perder puntos de creatividad, de desviarte de las directrices. Recuerdo que le pregunté a mi profesor de química: "De qué forma en el mundo esta tabla periódica de los elementos va a ayudarme algún día a mantener a mi familia?" Recuerdo que le pregunté la importancia del pre cálculo y la razón por la cual la profesora nos hacía memorizar la historia del arte antiguo. Me dijo: "te enseña cómo pensar", "Alex sigue las malditas reglas y terminar tus deberes a tiempo... ASÍ SON LAS COSAS…". Eso me dijeron.

Luego creces y te das cuenta que el 90 por ciento de todo lo que te enseñaron, la mayoría de las ideas, sistemas y métodos eran basura y que el mundo es realmente lo que tú haces. Te das cuenta que quien ha logrado algo grande es porque hizo algo sorprendente, rompió las reglas, luchó contra el sistema, fue poco realista, abogó por un cambio y pensaba y actuaba diferente, es decir con pasión y entusiasmo.

Esto no se trata de una bebida energizante, o suplemento vitamínico, o un BMW, relojes de diamantes, dinero... ESTO se trata de despertar y explicar a nuestra generación, los Millennials, que nuestros padres y abuelos estaban equivocados, que realmente la cagaron, que su plan no ha funcionado, me refiero: pon las noticias y pregunta a mamá y a papá cuando se jubilan. La mayoría de las personas viven en una prisión, salvo que no pueden ver las rejas. La esclavitud se abolió pero ha vuelto hoy en día justo en frente de tu cara... ABRE LOS OJOS.

---

1. *El SAT es un examen de admisión aceptado por las universidades de Estados Unidos para evaluar la preparación de los estudiantes para el trabajo universitario.*

Despierta. Lo digo en serio espabílate y date cuenta de que puedes hacer lo que quieras. Tú controlas tu destino. No es un examen, ni la opinión del orientador de la Facultad. Tú te controlas a ti mismo y te diré que... tenemos el vehículo para ello. Tenemos la forma ahora en la palma de nuestras manos para cambiarlo todo, para provocar el cambio, para liderar una revolución, para ayudar a la gente a ver la luz. Un día, cuando estemos en nuestro lecho de muerte no lamentaremos lo que hemos hecho, lamentaremos lo que no hicimos. Las oportunidades que dejamos pasar, el cartucho que nunca llegamos a disparar... Vamos a hacer que ocurra y marcar la historia. Deja un LEGADO de ayudar a gente y alcanzar GRANDEZA.

(Esto es lo que sucede cuando estoy solo en una terminal del aeropuerto durante 30 minutos, me parto)
#YPR #Cannnnaaaaaddaaa

Publicación de Facebook de Alex Morton
25 de diciembre de 2013 • Henderson, NV

Quiero dar las GRACIAS a todos los que han formado parte de mi vida este año pasado. Definitivamente ha sido una locura. Gracias por el apoyo, estímulo y amor!!!!

A mi equipo, que ahora es mi FAMILIA, las palabras no pueden describir lo que significáis todos para mí. Es un honor y una bendición poder ayudar a guiar vuestro camino a lo largo de este viaje. Prometo NUNCA dejar de trabajar hasta que todos estéis donde queráis estar. En 2014 voy a trabajar más duro que hice en 2013. Más vuelos, más viajes, más llamadas, más ejemplos de liderazgo, menos frenos y soñar poco! Os quiero muchísimo y no puedo esperar para volver a trabajar. Lo juro sobre todo que sé, 2014 es tu año!!

A mi familia de negocios, al personal corporativo y toda mi familia de esfuerzo! Os quiero chicos gracias por todo lo que hacéis. Todas mis reuniones seguirán siendo abiertas para todos, las llamadas, la formación, los horarios de viajes... A medida que el agua sube, lo hacemos los barcos! Gracias por todos los mensajes de twitter, Instagram y facebook, ésos mensajes de corazón significan más que cualquier cheque. Estamos en esto juntos, como una empresa. Familia.

Buscando para ir a Australia, México, Canadá, Europa, América del sur, África, Asia y ayudar a los equipos #YPR a crecer en 2014. ¡¡Prepárate!! Sólo tengo 24 años, no siempre tomo las mejores decisiones, sé que a veces no pienso antes de actuar, a veces me pongo fuera de control, vamos que no soy perfecto pero… estoy trabajando en ello... Para un chico de 24 año de edad, creo que lo estoy haciendo bastante bien...

Felices fiestas y feliz año nuevo. ¡Disfrutad este tiempo con vuestra familia! ¡2014 será épico!!!!!!
#HolidayMessage2013

Publicación de Facebook de Alex Morton
15 de diciembre de 2013 • Mifflin, OH

Recién acabados los eventos en Columbus, Cleveland y Youngstown!!!! Sentado aquí en un viaje de vuelta de 4 horas a Columbus para coger el vuelo de 9:00 a Denver... Quería compartir algunas reflexiones, es domingo por la noche…

Tiempo para pensar y reflexionar un poco y prepararse para una gran semana: hay UN MONTÓN de gente luchando. Hay UN MONTÓN de familias que luchan por llevar un plato de comida a la mesa, por pagar la luz, por mantener la familia bajo un mismo techo. Tuve la oportunidad de hablar personalmente con algunos padres y niños de Cleveland y algunas personas en Youngstown... Escuché cosas como: "hombre si crecen en esta ciudad o estas calles no tienes muchas opciones... La mayoría vende droga para pagar las facturas, trabajan en algún puesto de comida rápida y luego entran a trabajar en un molino de acero o en la G.E.[1] Hablé con uno de los padres de los niños... Trabajo 7:00-19:00 durante los últimos 26 años y ahora gano $66.000 al año. Otro padre de unos niños ha trabajado en una corporativa más de 25 años y ahora le dicen que no puede permitirse jubilarse, o una muchacha de 16 años criando sola a su hijo... y utilizando nuestra empresa como su medio de vida. ¡Esas cosas asustan! ¡¡¡¡Tú puedes marcar la diferencia!!!!!!

No des esta oportunidad por sentada... Esto no es un juego, esto no es una guarnición, esto no es un hobby... Esta es tu oportunidad para hacer algo por la humanidad, para cambiar la vida de familias, para mejorar situaciones de personas.

Deberías ver las caras que veo de gratitud y sentir los abrazos de las mamás de los niños por los que alguien realmente se preocupa por su bienestar. El dinero viene y va, los objetos materiales son guays... Pero al final del día, ¿qué legado dejas? ¿¿¿Cuántas personas van a aparecer a tu funeral??? ¿Cuántas personas a puertas cerradas hablan de ti por lo que has hecho por ellos?

Si eres parte de esta fenomenal empresa, os recomiendo que os echéis agua fría en la cara y os deis cuenta de que os tenéis que sentir obligados a trabajar duro... $100/ mes $2000/ $6000/mes o $1.000.000 al año... No importa. Salir al mundo con la intención de ayudar a los demás, eso es todo, el $$$ vendrá.

CENTRAROS EN LA VISIÓN Y LA MISIÓN Y NO A LA COMISIÓN.

El $$$ seguirá al buen corazón con las correctas intenciones. Lo siento por la novela, solo sé que un montón de gente (incluyéndome) nos quedamos atrapados con el $$$, ciclos, rankings, perdemos de vista lo que realmente estamos logrando. Si crees que esto va sobre "salud y bienestar" has perdido el juicio.

Esto es 100%, sin preguntas, sin discusión... UNA REVOLUCIÓN. DENVER!! Hasta pronto!!!!!!
#LegacyOverCurrency

Alex Morton
10 de diciembre de 2014

La pasada noche escuché a través de la vid alguien decir,

"ALEX SOLO SE PREOCUPA POR LAS PERSONAS QUE LE HACEN RICO".

Muy interesante la declaración. Vamos a echar una mirada más profunda...

YO, junto con CUALQUIER líder en nuestra profesión no nos pueden afectar las críticas, y cualquiera que entienda de liderazgo sabe que:

TE PREOCUPAS POR TODO EL MUNDO EN TODO MOMENTO y lo demuestras cuando sea apropiado. Sin embargo, he sido formado por un hombre que ha ganado $36,000,000 en su carrera y otro hombre que ha estado estudiando las leyes de progreso y las leyes del éxito por más de 50 años que probablemente gana $250.000 a la semana actualmente a los 80 años.

---

1. *General Electrics Co.*

Esto es lo que dijeron con respecto a este tema:

"Alex, te deben importar todos en tu equipo sin importar el esfuerzo que está mostrando o los resultados que está obteniendo. Sin embargo, al final debes invertir tu tiempo y trabajar como entrenador y mentor de aquellos individuos que se esfuerzan y van más allá con los chicos que están haciendo lo que se necesita para conseguirlo. Sólo unos cuantos podrán disfrutar de tu dedicación. No es tu negocio, es su negocio. Si quieren poner excusas y malinterpretar deja que se vayan, hazles un curriculum vitae y obtén la libertad financiera de esa manera. Estás en el punto que incluso si donaras $100.000 a la organización benéfica A, habrá un grupo de personas te despreciaran por no haber donado dinero a la organización benéfica B.

En el momento que intentas que todos te acepten, es el momento que pierdes el control y entras en una espiral descendente. Dedica tu tiempo y devoción a la gente que crees que puede hacer lo que tú haces ahora o incluso mejor algún día. Haz que la gente se gane tu tiempo igual que tú tuviste que probarte a ti mismo y ganar el tiempo de tus mentores".

TÚ, YO, NOSOTROS no podemos sentirnos culpables si alguien en nuestro equipo no consigue los resultados deseados. Hoy en el aprendizaje del seminario del hombre más brillante que he conocido dijo a la clase (recordad que este seminario cuesta $15.000, no eso es un error tipográfico, $15.000 por persona)

"Tanto si vosotros aplicáis este conocimiento o no, si obtenéis los resultados que buscais o no, me niego a sentirme culpable por ello. Os estoy enseñando todo lo que necesitas saber para lograr lo que queráis, lo que hagáis con ello es cosa vuestra".

SI TIENE QUE PASAR ESTÁ EN MI MANO!!!!!!

Publicación de Facebook de Alex Morton
29 de diciembre de 2014 • Spring Valley, NV • Editado

Al acercarnos al final del 2014 me gustaría DAR LAS GRACIAS a todas las personas increíbles que han motivado, entrenado, tutorizado y me han ayudado a ser una mejor persona. Aunque definitivamente no perfecto, siento que he crecido este año.

He viajado por más de 25 Estados, 12 países y he volado aproximadamente

267.000 millas. A todos los que me han saludado con los brazos abiertos, me han invitado a sus hogares, y todas las madres que invitaron a comidas caseras, les agradezco a todos. Estar en la carretera 2-4 semanas seguidas fue duro, pero mereció la pena ver a nuestro equipo de florecer.

Para nuestro increíble equipo internacional soñado, tiene ahora afiliados y clientes activos en más de 50 estados y más de 30 países, lo único que puedo decir es gracias por vuestro duro trabajo, compromiso con el crecimiento, tenacidad para alcanzar el éxito y potencial. Tu amistad no tiene precio y la más importante la oportunidad y la bendición para ser considerado tu líder. Nunca dejaré de trabajar, crecer, mejorar, desarrollando nuevos contenidos, y en 2015 vamos a tener mejor año aún. A nuestros 19 formadores actuales, os ruego que empecéis el año nuevo con la actitud correcta, actitud positiva, dejando todas excusas de mierda en la puerta y con una voluntad de ganar. No hay lugar para la culpa y las excusas con los ganadores. No hay asuntos ni problemas salvo en su propia mente. Comienza contigo y termina contigo. Tus pensamientos controlan tus sentimientos controlan tus acciones y tus acciones controlan tus resultados.

Estamos necesitados y conducimos líderes en busca de puestos de liderazgo y son muy buenos y muy motivados. A los futuros líderes que vienen es vuestro momento, el trono está abierto para tomarlo, la antorcha está esperando para ser entregada, haced del 2015 el año de arranque de vuestros equipos y perseguid vuestras metas liderando con el corazón. Sabéis exactamente que hablo de vosotros y muy orgulloso de todos.

A mis mentores (aunque algunos no verán esto) Tony Robbins, Les Brown, Jim Rohn, John C Maxwell, Bob Proctor, Darren Hardy, Eric Thomas, mis padres, Eric Worre, Nick Sarnicola, Holton Buggs, Tim Herr, Grant Cardone y muchos más... GRACIAS por asfaltarme el camino, educarme y mostrarme lo que es posible hacer en el mundo una vez se eliminan las dudas y las inquebrantables creencias que nos controlaban. Porque ahora sé que puedo lograr todo lo que desee en la vida y ayudar a otros a hacer lo mismo.

A todos los miembros de nuestra profesión, personas que me siguen, emprendedores hambrientos alrededor del mundo: en el 2015 voy a hacer todo en mi poder para proporcionar más contenido, más valor, algunos nuevos entrenamientos que he aprendido recientemente y más despliegue motivacional que te ayudarán a acercarte a tus metas y sueños.

Mi deseo es que el 2015 sea aún mejor año para todos. Pasad tiempo con aquellos que amáis, acariciad los momentos, perseguid vuestras metas y sueños con la acción implacable, no escuchéis a la gente sin aspiraciones y cobardes y nunca, nunca os deis por vencidos.

FELIZ AÑO NUEVO.
#Alex Morton

Publicación de Facebook de Alex Morton
17 de septiembre de 2014 en el 9:40 • Holesovice, República Checa •

Vendedor de red–

La gente NO compra tu producto o servicio.

NO compran tu loción mágica, poción, jugos, frutos secos, batidos, velas, jabones, $99 o $499 cajas de aire, o envolturas corporales...

Lo que compran es A TI.

No hay ninguna manera en una presentación de 30 minutos que entiendan sinceramente tu plan de compensación o todos los beneficios de tu producto/servicio. Les gustas TÚ, confían en TI, y creen que puedes ayudarles. Eres su mejor valor y peor perjuicio. La pregunta aquí es ¿Te seguirías a TI? ¿Confías en TI? ¿Vale la pena seguirte?

Tienes que trabajar en ti mismo. Ser agudo, fuerte, limpio, bien hablado, atractivo, amable, seguro, agradable. Tienes que desarrollar lo que me gusta llamarlo MAGIA. Los mejores líderes en nuestra profesión tienen magia. Cuando entran en una habitación sobran las palabras, todo el mundo se siente atraído por ellos como imanes, pueden hacer que los extraños se sientan como mejores amigos. Emiten un Aura tan poderosa que la gente sólo quiere estar cerca de ellos.

Tu empresa, marca, producto, servicio, eres TÚ. La gran pregunta aquí es ¿TE comprarías a TI?
#AlexMortonMindset.com

25 de junio de 2013 10:12 • Henderson, NV •

Vas a la escuela durante 12 años, luego otros 4 años al instituto y ningún maldito profesor te dice cómo ganar dinero. Pero te empapan de ciencias, matemáticas, literatura y si les preguntas (lo hice todos los días) "¿cómo va a ayudarme esto a ganar $$$?" responden "Alex eso no es lo importante, te estamos enseñando a pensar de manera crítica, presta atención". Sí, pues no tiene sentido para mí cuando los jóvenes tienen $50.000 de préstamos o las madres tienen 2 trabajos para pagar la escuela. Entonces los niños gradúan (cada 10 de 12 de mis mejores amigos) han hecho exactamente lo que sus padres y maestros les dijeron y... no pueden conseguir un trabajo... O están en un trabajo en el que se los comen los impuestos y están jodidos. Aún el 3% de esta nación posee el 97% de la riqueza y 99.8% de nuestros padres apenas pueden permitirse poner comida sobre la mesa, ni vacaciones, las familias tienen un apartamento cutre, un seguro de salud cutre, un coche cutre, un estilo de vida mediocre, la primera razón para el divorcio en América es la financiera.

Luego envejecemos... y aprendemos a aceptar ser mediocres, a nunca alcanzar nuestras grandes metas y sueños.

Recuerdo en mi instituto al orientador subrayando lo importante que eran las calificaciones SAT, que sino no iría a una buena escuela y sería más difícil conseguir un buen trabajo. Luego en la universidad mi orientador me seguía diciendo "así es como es, vas a la escuela para conseguir un trabajo para trabajar para alguien para jubilarte y disfrutar de unos años Alex".

Sí, eso es lo que TÚ haces. Eso es lo que hace el 99% de la gente. Por eso se quejan y lamentan de sus aburridas vidas y de nunca lograr una maldita cosa. Olvida ser mediocre y vive "una agradable y buena vida por tus propios medios".

Haz algo grande, vivir una vida a lo loco, gana dinero, vuelve, ayuda a la gente, viaja, haz lo que quieras, no te arrepientas y no mires atrás.

#YoungPeopleRevolution

Alex Morton
30 de junio de 2015 • Phoenix, AZ, Estados Unidos Hace poco un líder amigo mío de otra compañía me dijo:

"Alex soy definitivamente fan de tu trabajo pero a veces tienes un ego un poco arrogante".

Respondí: "Creo que te confundes lo que tengo es una creencia inquebrantable en mí y mi forma de pensar y que siempre haré lo que sea necesario para ayudar a mi equipo a ganar. Todos los grandes líderes que he estudiado

(Alejandro Magno, Martin Luther King, Lombardi, Lebron, MJ, Kobe, etcétera) han tenido un lado vanguardista. Un lado que mostró al mundo que no tenían miedo de nada sin importarles el obstáculo que tuvieran delante siempre encontraban una manera de ganar".

Enseñé a mi gente (quien muestra el deseo inmenso) para estar seguro, tener convicción y desarrollar una creencia inquebrantable te lleva a la cima de la montaña o te encontrarán muerto en el lado. La gente sigue a otra gente que muestra determinación, que se entrega en una misión.

Hay una clara diferencia entre ser seguro de uno mismo y arrogante o tener mucho ego. La confianza en ti, es saber que eres capaz de ser el mejor y conseguir el trabajo, respetando a todos pero sin temer a nadie y trabajando en tu oficio.

Tener mucho ego o ser engreído es caminar en una habitación y emitir una vibración que eres mejor que todos, no dando a la gente la hora o los buenos días y actuando como una herramienta de competición.

Esos son mis 2 centavos.
#LetsGoooooBabyyyyyyy

#TenConfianza

Alex Morton
01 de julio de 2015

Deberías reflexionar sobre esta cuestión...
"¿Cómo podría convertir mis ingresos anuales en mis ingresos mensuales?"
En lugar de pensar en…
"¿Donde saldré de fiesta este fin de semana?"
#THINK

Alex Morton ha añadido un nuevo vídeo.
13 de julio de 2015 •

Está siendo un día duro, desde las 5:00 de la mañana. Una sesión de más de 1000 fotos, 19 vídeos y 5 llamadas para cerrar asuntos de mi negocio de Network Marketing.

Subo este video para todos vosotros, porque quiero que sepáis que el viaje hacia el éxito es un viaje salvaje. Debéis de estar preparado para dormir poco, sacrificar 'diversión', perder a algunos amigos, ganar a algunos otros, tener extraños que te odien otros muchos que te adoren, enfadarte, molestarte, alegrarte, llorar para dormir y en algún momento vivir tus sueños.

#DormRoom2Millionaire YO creo en TI!!!

ALEX MORTON
19 de julio de 2015 • Schaumburg, IL, Estados Unidos •

Una muy potente imagen del artista mundialmente conocido Eminem diciendo "Como ganar amigos e influenciar en la gente". Es alucinante como la industria del "crecimiento personal" mantiene el secreto de las masas. Ahora podría podría ponerme a despotricar contra ellos y dar mi opinión sobre eso, pero no lo haré. Casi todo el mundo sabe quién ha obtenido y tiene mucho éxito ha de continuar desarrollándose como persona. He visto videos de JayZ y Kanye sobre "Pensar y crecer ricos," Serena Williams ha tenido a Tony Robbins como entrenador personal durante años, Big Sean, Jim Carrey, Diddy, 50 Cent, etcétera han hablado sobre el poder de la visualización y el desarrollo de personal.

Los cimientos de esta industria (visión, fuerza motriz, propósito, metas, ética de trabajo, influencia, persuasión, oratoria) deben ser GRAPAS en nuestro sistema educativo. Donde diablos un niño va a usar cálculo, la memorización de hechos al azar y la tabla periódica de los elementos, por lo menos las masas. Pueden buscarlo todo en Youtube.

El mundo ha cambiado. Puedes encontrar la respuesta a cualquier pregunta en 5 minutos en google, que te recojan en air 5 minutos por un Uber, e ir a cualquier parte del mundo y estar en una casa mediante Air BnB. Los tiempos han cambiado, la forma de ganar dinero ha cambiado, y habrá un cambio masivo de la riqueza en este mundo en los próximos 10 años. Adaptarse, evolucionar, avanzar, mejorar, o sólo caer y morir... Así es la vida en el 2015.

Tú ya no compites con Mr 2300 SAT score & Mr Warton escuela de negocios, aunque soy un firme creyente de que tu no puedes enseñar cómo emprender. Estas compitiendo con los niños en Bangladesh, con los inteligentes asiáticos que trabajarán 18 horas al día que te golpeará el trasero en los negocios y con los niños en India, quienes hablan 4 lenguas a los 15 años.

Continúa festejando, sigue fumando, sigue siendo un tonto mudo y te asesinarán en el mundo de los negocios por personas no necesariamente más inteligentes que tu, pero gente que sacrificará todo por vencerte. Ellos no están enfocados en la realidad de la TV o en las botellas poppin. Ellos están enfocados en averiguar cómo ganar.

Te sugiero que metas tu cabeza en algunos libros, inunda tu mente con poderosos audios, mira videos cautivadores, gasta algo de dinero en seminarios de transformación. O puedes seguir siendo castigado y asesinado por personas que trabajan y crecen. Siéntete como un ser humano sin valor y gasta tu dinero ganado duramente (o tu marido, novio, novia o esposa), mientras te sientas en tu culo o vas de compras todo el día y mientras seguramente tengas una niñera para criar a tus malvados niños, o toma el negocio de tu padre, el cual de todas formas puede ser 7/10 veces reemplazado por robots en un futuro cercano.

!Vamos gente!

Sin despotricar, son sólo mis pensamientos personales. Estoy de acuerdo para estar en desacuerdo, si eliges así. La conclusión es que he sido capaz de estar alrededor, de aprender de ello y de estudiar a la gente del 3% superior e incluso el 1% y cómo ellos piensan, comen, respiran, actúan y cómo ellos funcionan de una manera diferente al 97% de las ovejas controladas por los medios de comunicación y la negatividad alrededor de ellos. "ELLOS" ganaron porque aprendieron, desaprendieron and aprendieron de nuevo como GANAR. No solo al nivel económico. Pero en significado, crecimiento, contribución, amor, & felicidad. Puedes ser obscenamente rico & ser miserable. Estudia los 3% & haz lo que ellos hacen. Deja de escuchar a los perdedores y rodéate con los ganadores.

Regístrate en AlexMortonMindset.com para la información real de cómo cambiar tu maldita vida. No la esponjosa y ruidosa basura llegando a tu mente 24/7.

#MADURA

Alex Morton
12 de agosto de 2015 ·

Quiero que todo el mundo entienda que este negocio requiere tiempo, energía y esfuerzo. El camino al éxito y la grandeza es un largo camino lleno de baches, puentes rotos, mal tiempo y muchos obstáculos que debes superar. Comencé mi carrera profesional en el Network Marketing a principios de 2011. No sabía absolutamente nada sobre esta industria, nunca habia logrado nada muy importante antes de este negocio, y para ser honesto tampoco tengo unas habilidades extraordinarias. Era un adolescente punk de 21 años de edad sólo interesado en cuando sería la próxima fiesta. Si estás leyendo este mensaje y eres de los primeros o de los últimos debes entender que no importa que carrera o industria elijas, los que se llevan los mejores ingresos son solo el 3% - 5%.

Así que uno debe preguntarse, "¿Cómo puedo hacer que mi empresa esté en ese 5%?" La forma de llegar ahí, es trabajar duro y más inteligente que todos los demás. Una vez oí que no tienes por qué trabajar duro para ganar mucho dinero, no me lo creo. Lagran mayoría de las personas con éxito que he conocido, han llegado ahí trabajando duro, realmente duro. Pero también inteligentemente.

Dentro de la profesión de Network Marketing es definitivamente un viaje a la cima, y lo más difícil es nunca estás en la cima. He observado que el mejor de los mejores en nuestra profesión trabaja más duro una vez está arriba que cuando estaba en la ruina. Uno de mis mentores me dijo que muchos pueden llegar a la cima, pero sólo unos pocos pueden quedarse allí. El mensaje principal es que cualquier persona puede hacerlo, cualquiera puede conseguir el éxito. Cualquiera puede hacer una lista, aprender una invitación, aprender un papel, organizar un evento, vender productos, seguir a líderes. El secreto es ser CONSTANTE. El secreto es hacer algo cada día para construir tu negocio y ayudar a tu gente. Muchos networkers se toman días libres cuando no deberían, ponen excusas cuando no deberían y se imponen creencias y limitaciones dentro de sus cabezas porque se sienten que no pueden lograr la grandeza. He aprendido el 95% de este negocio está entre las orejas, también conocido como MENTAL.

Los 2 principales pilares del éxito son LA ÉTICA EN EL TRABAJO Y EL ENTUSIASMO. Sin estas dos cosas a tu favor no llegarás donde quieres en esta vida. No me importa cómo

de "intelectualmente" inteligente eres, tu carrera, tu educación, nada de eso importa.

Debes dominar la INTELIGENCIA EMOCIONAL. Tienes que poder conectar con la gente, relacionarte con ellos y tener un corazón para ayudar a las personas. Los mejores asalariados en esta profesión todos obtienen felicidad ayudando a gente. Los que van por ahí preocupados por su sueldo y sus ingresos, su rango, no durarán mucho tiempo en este negocio O su equipo dejarán de seguirles.

Mi primer año en marketing en red, gané la ridícula cifra de $13.000. Me negaron, se rieron de mí, hicieron bromas, me llamaron de todo pero nunca me di por vencido. Me recuerdo mirando como avanzaba el ranking y solo me visualizaba allí, consiguiéndolo, entrando en escena. Me obsesioné con conseguirlo. Puedes mirar mi perfil de LinkedIN que creé en 2011 y escribí: "Ganaré $1.000.000 cuando tenga 25 años". Y lo hice. No porque sea especial, porque me negué a conformarme.

No te rindas en tus sueños. No dejes que la gente te frene. No dejes que tus amigos te menosprecien por intentar algo diferente, salir de tu zona de confort y perseguir tus sueños y metas. Conviértete en un estudiante del éxito. Conviértete en una esponja de información que pueda ayudarte a mejorar y a su vez a alcanzar el éxito. Busca mentores, busca a personas que saben de lo que hablan. Estúdialos, cópialos, obsesiónate por lo que hacen y luego hazlo.

Eres grande, Dios te puso en la tierra con un propósito. Mientras haya aire en tus pulmones aún no has terminado. Decide, comprométete, trabaja duro, estudiar, cree, y lograrás todo que quieras.

#Concentrado

Alex Morton
28 de agosto de 2015 ·

El mayor principio que siempre he predicado es TRABAJA DE MANERA ÉTICA. 6 aviones en menos de 72 horas.

Son las 4:16

No le digas a tu equipo qué hacer...MUESTRASELO.

#UnSirvienteDelLiderazgo

Alex Morton
de septiembre de 2015 ·

Lección para el viaje: escucha y respeta las perspectivas de otras personas. A comienzos de mi carrera solía ver las cosas a través de mi perspectiva, mis metas, lo que quería, lo que yo pensaba que era la mejor manera. Esto me ayudó y obstaculizó el camino del liderazgo al mismo tiempo. Si un joven sueña con convertirse en millonario creo que algo estaba mal con ellos. Podía lanzar una visión amplia para cambiar sus mentes, sin embargo yo no podía estar más equivocado viendo solo a través de "mis gafas".

Es importante como líder ver las cosas a través de todas las perspectivas. A veces es difícil escuchar que alguien sólo quiere un extra $500-$1000 por mes, sin embargo sus objetivos no son tus objetivos. Todo el mundo tiene una definición diferente del éxito. Debemos aprender a respetarla y fomentarla. Hace unos dos años que empecé a mirar las opciones, perspectivas y decisiones a través de los ojos de los demás. Ha cambiado todo para mi negocio y para mi vida.

También, es muy importante construir una base de clientes fuerte. Muchas veces en este negocio, la gente tiende a pasar la mayor parte de su tiempo de reclutando a otros distribuidores. Creo firmemente que un ratio 10:1 de clientes distribuidor es muy importante. En nuestras 5 semanas pasadas el objetivo principal ha sido la adquisición de clientes y aprender los entresijos de las ventas al por menor. ¡Construye una fuerte base de clientes para un ingreso residual real a largo plazo!

#Liderazgo

Alex Morton
de septiembre de 2015 ·

"Trabajar más duro en ti mismo que en tu trabajo; tu ingreso está directamente relacionado con tu filosofía, no con la economía; y para que las cosas cambien, debes de cambiar". -Jim Rohn

El marketing en red es una de las maneras más simples de enriquecerte, sin embargo, es muy difícil seguir a largo plazo. Mucha gente es agua pasada rápidamente. Consiguen un toque de "suerte o bendición" una vez y ganan dinero rápido. Es importante recordar que tu "termostato financiero" está siempre trabajando. Si solo eres digno de $45.000 al año y de repente ganas

$300.000. Mejor que seas digno de $300.000 rápidamente o pronto volverás a $45.000. Siempre ganamos lo que somos. Nuestros ingresos son directamente proporcionales con el valor que tenemos para el mercado y la dificultad de reemplazarnos.

Así que te pregunto, ¿cómo de difícil sería reemplazarte? ¿Qué ofreces diferente a los demás? ¿Cuál es tu habilidad especial?

Una de las cosas más grande que me he dado cuenta que tenía un gran efecto en mi camino al liderazgo era que crecía continuamente. Desde el principio me pareció que el desarrollo personal eran un montón de tonterías. Pero rápidamente me di cuenta que lo era todo. Estamos en el negocio de crecimiento personal. ¿Cómo vamos a hacer crecer a las personas si nosotros no crecemos? Tengo un ejército de desarrollo personal. ¿Y tú? ¿Deberías? Si te ves como el mejor en adquirir las habilidades y la mentalidad del líder.

"Estamos en el negocio de hacer crecer a la gente. Cuando formas a la gente, la gente hace más grande el negocio".

#Concentrado

Alex Morton
13 de septiembre de 2015 ·

Me he despertado esta mañana y decidido a dar una sorpresa a mis abuelos y papá/mamá/tío volando a Tulsa para un día y medio. Yo solía pensar que haciéndote rico te hacía automáticamente feliz.

Simplemente no es el caso.

El dinero es UNA de las claves del reino, no LA llave. La felicidad para mi es crear recuerdos con las personas que quieres y por las que te preocupas.

La vida es crecimiento y descubrir una manera de hacer este mundo un lugar mejor. Estoy agradecido de haber encontrado el vehículo y la mejor manera de hacer que suceda.

Un coche de $100K es sólo un $100K por 6 meses y luego es simplemente "un coche". Un reloj de $60K es sólo un reloj de $60K por 6 meses y luego es sólo "un reloj". Las relaciones de larga duración, fuertes, increíbles siempre permanecerán y durarán toda la vida.

"Él era el hombre más pobre del mundo, todo lo que tenía era dinero".

#PersigueElObjetivoNoElDinero

Alex Morton
18 de septiembre de 2015

No creemos en un de 9 a 5.

Creemos en un desde cuando nuestros ojos se abren hasta cuando nuestros ojos se cierran.

#Concentrado
#4DeLaMañanaHolaaaaa

Alex Morton

16 de septiembre de 2015

¡¡¡La adversidad te mata o te hace más fuerte!!!
#FIIIIIIIIIIRRRRRREEEDDDUUUPPP

Alex Morton en el aeropuerto Metro de Detroit (DTW)
09 de octubre de 2015 · Detroit, MI, Estados Unidos.

La mayoría de la gente con la que me cruzo desea éxito financiero, una casa grande, coches de lujo, le encantaría viajar por el mundo y cuidar de sus padres y seres queridos. La mayoría de las empresas en mi opinión realmente quiere ayudar a la gente y cambiar sus vidas. El problema que veo constantemente es que su nivel de compromiso no se correlaciona con sus sueños. Mi consejo para ti es que debes aumentar tu compromiso o disminuir tus sueños. Está bien soñar en grande, está bien estar seguro de donde te diriges. Sin embargo, no ser un hipócrita. No te digas a ti mismo y al mundo que quiere hacer de 6 cifras o ser millonario y luego distraerse con la TV, instagram, eventos deportivos y no dar los sencillos pasos necesarios para convertirte en alguien con éxito y "hacerlo".

Avanza, si te estás preguntando cómo elevar tu nivel de compromiso... Un simple concepto, yo me he comprometido a asegurarme de que mi compromiso es paralelo a mis sueños. HACER, CONSTRUIR, CREAR, FOMENTAR CINCO NUEVAS RELACIONES AL DÍA. Cada maldito día. Si tan solo te propones hablar con 5 personas nuevas al día, son 35 a la semana, 140 al mes, 1680 al año. Ahora si finalmente haces de todos estos nuevos amigos una herramienta de comunicación para crear un evento, participar en una llamada de 3, 1a1 o 2a1 con tu línea ascendente, harás más del 98% de los distribuidores en esta industria. Digamos que 1 de cada 3 serán clientes o distribuidores, en definitiva son 560 nuevas personas en tu negocio al año. ¡El Señor Todo Poderoso estará viendo algo de éxito!

¿Continuando, podrías estar preguntándote cómo crear esas nuevas relaciones? ¿Siempre sales a comer?

¿Vas al supermercado? ¿Gimnasio? ¿Bar? ¿Club? ¿Practicar deporte? ¿Vas al centro comercial? ¿En un autobús? ¿En un tren? ¿En un avión? ¿Eres un ser humano con una boca y un par de orejas? Señoras y señores salgan ahí fuera y conozcan a gente. Se amable, haz preguntas, conoce a gente, y mi mayor secreto es tener siempre una gran sonrisa en mi cara. Cuando sonríes a alguien simplemente se iluminan. Haz cumplidos a la gente, hazles sentir realmente bien. Si tienes una conversación de 5 minutos conmigo, hombre o mujer, sin importar la edad, te garantizo que al final de todo acabas sonriendo y lleno de positividad.

SE COMPROMETIDO, CONSTRUYE NUEVAS RELACIONES, USA TUS HERRAMIENTAS, UTILIZA TUS ENCANTOS y otra vez... COMPROMETETE CON TUS SUEÑOS.

Si yo puedo hacerlo... TU TAMBIÉN! Etiqueta Tus Líderes ,
Sí, este es un selfie en el baño. #COMPROMETIDO

Alex Morton
21 de octubre de 2015·

GRACIAS a aquellos quienes me felicitaron el día de hoy, significa un mundo para mi.

Tío, menudo año. Francamente menuda vida hasta ahora. Sentado EN el aeropuerto apunto de ir desde NYC hasta Europa para un tour de unas 3.5 semanas, + de 10 países. Despierta cada día y haz lo que te gusta hacer, inspira a otros a soñar a lo grande, creer a lo grande, y alcanzar la grandeza. Suena cursi, pero es la verdad. Mi pasión y el trabajo de mi vida es el impactar a tantas personas de la forma más humanamente posible. Por supuesto quiero continuar viajando por todo el mundo, ganar millones tras millones de dólares, establecer un edificio al mayor equipo de red de marketing en todo el planeta, pero la forma que realmente encontraré un significado y me llenará no vendrá del dinero, vendrá de ayudar a cambiar la vida de otras personas y hacer del mundo un lugar mejor.

Al crecer en una pequeña ciudad supe que siempre quería hacer algo grande. Tuve una visión de mi futuro en lo más profundo de mi subconsciente a muy temprana edad. No sabía como iba a hacerlo pero no me importaba ya que sabía que iba a hacerlo. Avanzando rápidamente a pocos años más tarde ya estoy viviendo y he vivido "aquel sueño" por casi media década y he ayudado a docenas a alcanzar sus metas para no solo tener una vida sino un estilo de vida. Tuve la mísera GPA de 3.0 en el instituto, fui rechazado de las 2/3 universidades a las que me apunté, llegué a tener toneladas de problemas de los 18-21, fui echado de la escuela de negocio, me dijeron que nunca llegaría a tener éxito, la lista subía. ¿Cuál es la moraleja de la historia? PUEDES ALCANZAR TUS METAS, PUNTO. NO IMPORTA CUALES SEAN.

La vida no ha sido siempre "dulce" para mi. He tenido mis altibajos, mis grandes luchas en mi negocio, me enfrenté con desacuerdos y duras decisiones, independientemente de como o ganas o aprendes. No puedes ir por la vida con arrepentimientos y gastando demasiado tiempo pensando en el pasado. Hay una razón por la que tu parabrisas es MUCHÍSIMO más grande que tu retrovisor. Céntrate en el futuro y vive el A.H.O.R.A. No es una oportunidad desperdiciada.

A todos mis amigos y a mi familia quienes originalmente me apoyaron, os quiero a todos. A todo aquel que desearía verme fallar, aquello que nunca ocurrirá y agradezco la motivación. A mis anteriores mentores, gracias por vuestra sabiduría. A mis actuales mentores, gracias por vuestro asesoramiento, honestidad, inspiración, guía, y dirección. Mamá y Papá os quiero muchísimo tíos. A nuestro increíble equipo en el que trabajo, respirad, operad, funcionad, y vivid por vuestros chicos del éxito. Nunca pararé de trabajar y de crecer para asegurar nuestras enormes victorias en esta industria para la vida. Os lo prometo.

Brindo por los primeros 25. Tengo un buen presentimiento en que los 26 aún pueden ser un gran año...

¡¡¡Sueña GRANDES Sueños y luego levanta tu culo y persíguelos cada día hasta que se conviertan en tu realidad!!!

Para las fechas exactas, momentos, lugares, mandadme un emoticono de sonrisa por privado.

#GraciasATI
#EuroTour.

Alex Morton
30 de octubre de 2015·

Es de locos cuando la gente dice que las cosas son "ilógicas". Estoy como: "¿Es más ilógico que 2 granjeros de Ohio fabricando un pájaro de acero que permite a los humanos respirar dentro de una jodida tubería mientras están a 30,000 pies de altura en el aire volando de forma segura a otras ciudades, estados, países y continentes?"

Las únicas cosas en la vida que son ilógicas son aquellas que tú etiquetas dentro de tu mente como ilógicas. Muchísimas personas operan fuera del F.E.A.R. Falsa Evidencia Aparentemente Real. ¡No tenemos nada que temer salvo al miedo en sí mismo!

Cuando tenía 21 años me fijé en un vehículo que el 90% de la gente pensaba que era una forma ilógica de hacer posible el crear tiempo y dinero limpio a una temprana edad. Agradezco el que no escuché a los pensadores ilógicos y muy felizmente no lo dejé cuando los momentos fueron duros. La mayoría de la gente abandona antes de ni siquiera tener una oportunidad DE alcanzar el gran éxito.

No dejes a nadie que se rindió en alcanzar sus sueños que te diga que lo que quieres hacer es "ilógico". De hecho, ¡¡¡si no tienes a personas diciéndote que tus metas y sueños son demasiado grandes entonces no estás soñando suficientemente a lo grande!!!

Estaremos en SUIZA durante las próximas 21 horas, ¡¡¡si estás cerca anímate a conectar!!!

#SwizoSuizoSuizo

Alex Morton

1 de noviembre de 2015·

Cuando la mente, cuerpo y alma están en un estado de agradecimiento el universo conspira para traerte incluso más de aquello por lo que estás agradecido. Es también imposible el estar enfadado y agradecido al mismo tiempo. Todos los días cuando despierto o justo antes de que cierre mis ojos hago mi "Lista de Agradecimiento". Me siento en silencio y pienso sobre todo por lo que estoy agradecido en mi vida y anoto mi top 5-10.

Mis 10 de hoy (No en orden solo lo primero que se me vino a la mente)

1. Mi más honesta y abierta relación con mis padres (a veces demasiado abierta).
2. Una loca, chiflada, y querida hermana y una relación muy estrecha con mis primos.
3. Estar rodeado por increíbles líderes y mentores para el negocio y para la vida. Y tener gente en quieres confío al 100% que me dirijan y a la gente que me importa más que una gran victoria.
4. Nuestro increíble equipo.
5. Una mente santa.
6. Relación de valor añadido y beneficio mutuo con un grupo selecto.
7. Habilidad para cambiar a personas emocionalmente.
8. Hacer lo que quiero en cada momento.
9. Nuestro increíble EQUIPO.
10. OU Sooners y Cowboys de Dallas.

Aprendí la actividad de la "Lista de Agradecimiento" de uno de mis mentores el Sr. Bob Proctor. Alguien a quien he estudiado durante años.
#BuenasnochesDesdeBélgica

Alex Morton
24 de noviembre de 2015·

La diferencia entre gente con éxito y gente sin éxito es que la gente con éxito "LO HACE". Ellos descubren lo que apasionadamente hacen en el trabajo de su vida. Fijan su mente en algo y dicen "TRABAJARÉ ESMERADAMENTE EN LA DIRECCIÓN DE MIS METAS Y SUEÑOS HASTA QUE LLEGUEN SUS FRUTOS". He llegado a conclusión de que la vida es en realidad lo que creas. Cuando fijas tu mente en algo, dibujas una linea en la arena y te dices a ti mismo: "Nunca voy a volver a mi antiguo yo", ahí es donde ocurre. Ahí es cuando se activa. Ahí es cuando todo cambia. Algo relacionado con la química en tu cerebro cambia cuando DECIDES. Decides a qué se parecerá tu futuro, quién estará en él, tu estilo de vida, tus casas, coches, dinero, y lo más importante: tu impacto global en cambiar la vida de la gente.

Solo tengo 26 años y soy muy consciente de que no lo sé todo. Pero sé que el 3% de este país y el 3% de este mundo han descubierto cómo conseguir mucho éxito. El dinero no lo es todo, tu carrera no lo es todo, mi carrera no define quien soy. Encuentro el significado dentro de mi familia, amigos, relaciones, y creo una diferencia. No obstante también estaré maldito si no gano 10 millones de dólares, personalmente ayudo a crear docenas de millonarios, y en más de 10 años me mudo al reino de Jim Rohn, Les Brown, Tony Robbins, Zig Ziglar, AL Williams, Bob Proctor, etc.

Sé exactamente lo que parece mi futuro y estoy dispuesto a hacer lo que sea necesario para hacer que ocurra. ¿TÚ LO HARÍAS?

¿Sabes lo qué quieres?
¿Sabes cómo conseguirlo?
¿Eres un apasionado de tu carrera?
¿Tienes un plan de 5,10 años?
¿A quién estás estudiando?
¿A quién sigues?
¿Cuáles son tus metas y sueños?
¿Cuáles son tus áreas de estudio diarias?

Esta es la línea de abajo. Cualquier cosa que quieres en la vida TIENE QUE SER TUYA. No será fácil; sí, a veces será una mierda; sí, querrás abandonar y dejarlo; sí, perderás amigos; sí, la gente te llamará loco; sí, llevará su tiempo, dinero, energía, esfuerzo y coraje. Y DIABLOS, SÍ, VALDRÁ LA PENA.

¡¡¡¡¡¡Mira Mamá, Lo hice en la revista FORBES!!!!!!!
Persigue tus sueños. Persigue tus sueños. Persigue tus sueños. ¡¡¡Y nunca te rindas!!!

¡Os quiero a todos, ID Y HACED QUE OCURRA!

Alex Morton añadió un nuevo vídeo: La Mentalidad de Alex Morton.
15 de diciembre de 2015·

TÍOTÍOTÍOTÍOTÍOTÍO hace más o menos un años creé algo llamado La Mentalidad de Alex Morton para ayudar a compartir la riqueza del conocimiento que he acumulado por los últimos 4 años que me ha ayudado a alcanzar mucho éxito, a viajar por el mundo muchas veces, ayudar a mis amigos cercanos a vivir la vida de sus sueños, y acabar en The Rolling Stone y Forbes Magazine.

Mis últimos 6 meses han sido UNA LOCURA y debido a que este proyecto iba en segundo plano. El enero de 2016 iba a ser la preparación de un nuevo contenido que te ayudaría a ROMPER CON ELLO sin importar cual fuera tu propósito o pasión.

He sido afortunado de tener unos mentores en mi vida que realmente han "estado aquí y hecho aquello". Personas llamaban desde magnates de estados reales, propietarios de salones de belleza que hacían

$100,000,000 al año en ventas, Multi Millonarios en Redes de Marketing, e incluso gente quienes estaban en la lista de Forbes, propietarios de compañías como Patron Tequila, y es un billonario, he invertido decenas y millares de mi propio dinero haciendo seminarios aprendiendo de personas como Les Brown, Tony robbins, John Maxwell, y decenas de horas con Bob Proctor. Todo aquello mola pero es TODO en relación al RESULTADO. Si alguien no tiene GRANDES RESULTADOS en su vida entonces nada de eso importa. GANAR o IR A CASA.

Es más, soy un FIEL PARTIDARIO de que alcanzar el éxito está el 98% entre tus orejas. También conocido como TU MENTALIDAD. No puedo enseñarte matemáticas, ciencia, o algún otro idioma, pero puedo enseñarte como GANAR, y GANAR A LO GRANDE. Independientemente de tu edad, raza, color de piel, transfondo económico, nivel educativo, no importa porque cuando tiene tu MENTE OK todo lo demás VA OK. Confía en mi. Voy a mostrarte lo que en realidad se necesita, la rutina. La sangre, sudor, lágrimas, madrugones, trasnochar, lo que hay detrás de la escena, todo.

AlexMortonMindset saldrá oficialmente en 2016 y voy a hacer todo lo que esté en mi poder par AYUDARTE a alcanzar el jodido gran éxito y convertirlo en tu mejor año. Y no, no voy a cambiar toneladas de dinero por ello… El secreto de vivir es dar y esta es MI FORMA de impactar a más personas, con más frecuencia… Y cambiar incluso más vidas.

En este punto de mi carrera ya no estaré motivado por el dinero. ¡¡¡¡Estaré motivado por impactar y crear un legado de ayudar a otros vivir sus jodidos sueños!!!!

¡¡Asegúrate de que estamos conectado!! Twitter: @AlexMortonYPR

Instagram: @AlexMortonMindset Periscope: @AlexMortonYPR Snapchat: @AlexMortonMindset Facebook: @AlexMortonMindset

¡¡¡ESTOY A TOPE!!! Para TU GRAN ÉXITO-

Alexander Morton

Alex Morton
21 de diciembre de 2015·

Otro increíble tour en los libros. Estoy muy orgulloso de todos nuestros líderes en los mercados de EEUU. Vuestra dedicación, compromiso, pasión, el sirviente motivador de liderazgo es lo que me mantiene en marcha, me mantiene seguir intentándolo más y más duro cada día. Cuando estás motivado por tu equipo, tienes que tomarte un segundo y agradecerlo.

Oregon
Las Vegas
Carolina del Norte
Carolina del Sur
Ohio
Massachusetts
Montreal
Michigan
Illinois

16 noches, 15 vuelos, de haber dormido en sofás y en suelos a hoteles de 5 estrellas. Comí desde fideos de ramen a Filetes y Langosta. Conduje un coche durante docenas de horas con líderes yendo de evento a evento. Breaking bread[1], desayuno casero de mami, incontables cenas. Y la mejor parte de ir en la carretera es llegar a conocer a la gente. Eso lo es todo. Escuchar sus por qué, sentir su corazón, ver su esfuerzo, adversidades. La mayor motivación en el mundo es el ver lo difícil que alguien lo tiene y luego harás lo que sea necesario para ayudarles a ganar.

Tengo mucho respeto por los vendedores de Internet, guerreros del teclado y todo aquello. Pero nada jamás reemplazará el contacto humano, la conexión espíritu-espítitu. Sentarse con alguien, tanto si es un líder como una espectativa, y llegar a conocerles. Su histori, su familia, su propósito en la vida. Animo a todos los "líderes" de la red de marketing a salir ahí fuera para ir sobre el terreno, mancharte las manos, bucear dentro de las trincheras, alguno de vosotros ni siquiera recordaréis como se siente al hacer 2 en 1 porque pensáis que sois grandes y poderosos y deberíais alejaros en un avión a un salón rebosante, hablar, y dejaros caer. No es así como esto funciona. Lo siento. Al menos no por ahora, no en este momento.

Id sobre el terreno y preocuparos realmente por vuestra gente, equipo, yo lo llamo familia. Como dije antes, no es por el destino, es por el viaje. Construir relaciones, llegar a conocer a la gente, preocuparse por ellos, escuchar sus historias, y luego moved corriendo vuestro culo 24/7/365 hasta que los llevéis hasta la línea de meta.

Recordad, tal y como te sientas al rededor de tu chimenea, con tu hermosa familia, en tu gran hogar, con tus coches, y regalos bajo el árbol. Hay millones quienes no pueden permitirse el comprar a sus familiares lo que quieren por Navidad. Algunas de esas personas están en tu equipo. No seas egoísta, se altruista. Sal y ayuda a la gente, cambia algunas vidas. Recuerda, dar, sienta mejor que recibir.
#FelicesVacaciones

Alex Morton
15 de abril · Henderson, NV ·

El 99.9% del tiempo estoy hablando sobre lo que se necesita para llegar al éxito, crear tiempo y dinero limpio, vivir con un propósito, impactar sobre otros, y crear una sobre todo abundante y significante vida.

Hoy, quiero hablar sobre las cosas que debes para de hacer, borrar de tu mente y de tus hábitos, y eliminar inmediatamente de tu vida para evitar acabar en un fallo.

10 Señales que (si no te corriges a ti mismo) harán que llegues a fallar:

PD: suelo involucrarme en muchas de estas actividades, así que no te preocupes, ¡aún hay esperanza!

1. Te encanta gastarte el dinero en M**RD*S ESTÚPIDAS todo el rato. (+ de $1K saliendo de noche, Yeezys, Jordan's, Relojes, Coches, Ropa, realmente no te lo puedes permitir).

2. NO ERES DISCIPLINADO.

3. ABANDONAS LAS COSAS DEMASIADO FÁCILES.

4. CULPAS A OTROS (Jefes, Empleados, Equipo, Padres, Gobierno, Empresa, Plan de Empresa, Novio, Novia, etc) DE TU CAÍDA EN EL ÉXITO.

5. NO TIENES UNA ABSOLUTA FE EN TI MISMO.

6. TE IMPORTA DEMASIADO LA FORMA EN LA QUE OTROS TE VEN.

7. NO TE PREOCUPAS LO SUFICIENTE DE TU CUERPO Y TU MENTE.

8. NO LUCHAS POR LO QUE REALMENTE QUIERES EN LA VIDA, TE CONFORMAS.

9. NO ESTABLECES METAS, EN SU LUGAR TAL SOLO VAS AL DÍA A DÍA ESPERANDO Y REZANDO QUE LAS COSAS MEJOREN.

10. VALORAS EL DINERO POR ENCIMA DE LAS PERSONAS Y RELACIONES.

Aquí está el acuerdo: EL ÉXITO DEJA PISTAS. Solía tener problema con muchos de los puntos de arriba y aun tengo unos pequeños problemas con algunos. Nadie es perfecto. No obstante, necesitamos hacerlo lo mejor posible en eliminar las cosas, ideas, hábitos, pensamientos, y acciones que no nos merecemos.

¡¡¡¡Sigamos intentando ir hacia la excelencia y dirigir hacia el agradecimiento!!!! ¡Salud!

Alex Morton
30 de abril a las 12:23pm ·

Somos parte de una generación que se obsesionó con buscar el éxito más que ser competente. Tenemos a gente con deudas de $800/mes por un coche viviendo en una cama de una chabola, chicas que invierten hasta su último centavo en un bolso LV de $3K al igual que ganan $14/hora, y en los fines de semana en algún club hay grupos de millonarios de $30,000 al año "descorchando botellas".

Culpo en parte a la música, el cine, la prensa, pero es principalmente "nuestra culpa". Y lo que es nuestra culpa también puede ser nuestra solución.

Uno de mis mentores me contó que siempre hay que mantener lo principal como lo principal. Lo principal debería ser de hecho transformado en el éxito. No simplemente ponerlo al frente para demostrar lo guay que eres, impresionar con oro mientras cavas con un bote de ratas, o tener tracción en tu negocio. Sabes que la forma de vender es más que "aparentar ser competente", …LLEGAR A SER COMPETENTE POR SER ORIGINAL, REAL, HONESTO, Y TENER INTEGRIDAD.

Hubo un tiempo donde todo lo que me importaba era el Rolex iced out de $60K y un coche de $100K. Agradezco el haberme graduado en la escuela de estúpidos y haber cambiado a centrarme en inspirar y animar a otros. Nunca verás un camión de arrastre detrás de un coche fúnebre así que deja de perseguir tonterías y persigue tus pasiones.
Ya eres lo suficientemente bueno, no necesitas mentir.
#FelizSábado

CPSIA information can be obtained
at www.ICGtesting.com
Printed in the USA
BVHW072306291020
592123BV00014B/1785